潜力与定力

问道中国经济新征程

北京大学国家发展研究院 编著

人民日报出版社

北京

图书在版编目（CIP）数据

潜力与定力：问道中国经济新征程 / 北京大学国家发展研究院编著. -- 北京：人民日报出版社，2024.12. -- ISBN 978-7-5115-8193-8

Ⅰ. F124

中国国家版本馆CIP数据核字第2024SB0455号

书　　　名：	潜力与定力：问道中国经济新征程
	QIANLI YU DINGLI : WENDAO ZHONGGUO JINGJI XINZHENGCHENG
作　　　者：	北京大学国家发展研究院
出 版 人：	刘华新
特约策划：	王贤青
责任编辑：	蒋菊平　李　安　南芷葳
版式设计：	九章文化
出版发行：	人民日报出版社
社　　　址：	北京金台西路2号
邮政编码：	100733
发行热线：	（010）65369509　65369527　65369846　65369512
邮购热线：	（010）65369530　65363527
编辑热线：	（010）65369528
网　　　址：	www.peopledailypress.com
经　　　销：	新华书店
印　　　刷：	大厂回族自治县彩虹印刷有限公司
法律顾问：	北京科宇律师事务所　（010）83622312
开　　　本：	710mm×1000mm　1/16
字　　　数：	218千字
印　　　张：	16.5
版次印次：	2024年12月第1版　2024年12月第1次印刷
书　　　号：	ISBN 978-7-5115-8193-8
定　　　价：	46.00元

如有印装质量问题，请与本社调换，电话（010）65369463

序 言
PREFACE

每一个明天，都可以称为中国的新征程。但历史总要有一个相对明确的节点。

就中国的新征程而言，2021年3月就是非同寻常的时间节点，因为彼时我国正式印发了《中华人民共和国国民经济和社会发展第十四个五年规划和2035年远景目标纲要》，第一篇就是"开启全面建设社会主义现代化国家新征程"。文件中明确指出，"十四五"时期是我国全面建成小康社会、实现第一个百年奋斗目标之后，乘势而上开启全面建设社会主义现代化国家新征程、向第二个百年奋斗目标进军的第一个五年。

2022年10月，习近平总书记在党的二十大报告中，开篇就讲到：中国共产党第二十次全国代表大会，是在全党全国各族人民迈上全面建设社会主义现代化国家新征程、向第二个百年奋斗目标进军的关键时刻召开的一次十分重要的大会。

认知新环境

相对已经走过的历史征程而言，新征程绝不是高速公路的下一个服务区，也不能简单等同于登山时的下一个高峰。对于今天这个时代的特征，有一个经典的比喻就是从登山变成了冲浪。登山时，山就在那里，你只要一步一步往上走，哪怕辛苦一些、困难一些，总能登上去，连珠峰都已经被很多人征服。但冲浪不同，你不知道下一个浪从哪里来，也不知道浪高浪低，随时都要变化调整，很难再线性地制定规划，然后硬性地执行。

因此，我们选择和编辑这本书稿时，第一篇章的选择就是认知新环境。这一点恐怕最能引起大家的共鸣，因为今天的每一位读者都经历了新冠疫情，它比中美贸易摩擦来得更突然，更充满未知。

新冠疫情如今已经成为历史，俄乌冲突也行将转入谈判，并可能正式划上一个句号，但谁也不知道会不会爆发新的地缘政治冲突，尤其是国际格局将如何演变。与此同时，技术也在不断演进，基于区块链的加密货币给各国央行带来新挑战，新能源技术改变了很多国家汽车、石油、天然气等产业的竞争格局，ChatGPT更是被定义为新一轮技术革命的起点。

如果我们只是停留于对新要素、新事件、新现象的观察，这样的"新"注定层出不穷。比现象更重要的是本质，比事件更重要的是底层逻辑。因此，我们试图从最优秀的学者观察中，找出那些能帮助读者理清底层逻辑的文章，因为底层逻辑有助于我们研判未来的趋势。

读懂新目标

与新环境一样需要研读的还有新目标。虽然新环境充满了不确定性，但我们不可能因为环境多变就在战略上选择走一步看一步。战术可以灵活多变，战略目标却要清晰而坚定，这是战略的定力。有战略的定力，我们才能想方设法挖掘潜力。中国共产党刚成立时面对的挑战之大，不确定性之多，其实比今天有过之无不及，但不管遇到多大的困难，解放全中国的战略定力从未动摇。

序　言

与新征程对应的新目标是什么？党的二十大报告讲得很明确：实现中国式现代化，接续还有五个方面的详细阐述，即人口规模巨大的现代化、全体人民共同富裕的现代化、物质文明和精神文明相协调的现代化、人与自然和谐共生的现代化、走和平发展道路的现代化。

无论政府、企业，还是公众，读懂新目标至关重要。不管是方向上的认知偏差，还是路径上的偏离，都可能导致事倍功半，造成效率损失，甚至与目标背道而驰。

为此，我们在本书中特别选编了林毅夫、姚洋等多位学者的文章，专门解读中国式现代化的内涵。

解构新挑战

如何认知新征程上的难点和挑战，如何探寻解决方案，是本书后续章节的重点。跟随优秀的学者，我们希望大家不仅能认知新环境和新目标，还能从中学习学者们面对问题时的解构思维和逻辑思维。

中国式现代化的第一条是人口规模巨大的现代化，第二条是全体人民共同富裕的现代化。从解构主义和逻辑的视角，我们不难理解这意味着14亿人都要过上现代化的生活，对谁都不抛弃、不放弃。众所周知，人类到目前为止进入现代化的总人口才十多亿。中国式现代化意味着全人类进入现代化的人口总量要翻一番。

老百姓对于现代化曾有一个顺口溜："楼上楼下，电灯电话。"现代化显然要涉及城市化、房地产、能源、通信、乡村振兴等诸多维度，每一个维度对应的都是天量的资源需求，我们该如何满足？

仅此还不够，中国式现代化第三条是物质文明和精神文明相协调的现代化，这意味着大家吃饱喝足还不够，还要有丰富的高品质的精神生活，意味着我们在原来四个现代化（工业、农业、国防、科技）的基础上还要实现服务业现代化，因为精神文明的背后需要大量高端服务业支撑，意味着大量资源要分配到旅游、演出、赛事等非生产性活动中，意味着生产性活动的效率必须更高。

如果说前三条的实现已经够难，后两条可谓难上加难——人与自然和谐共生的现代化、走和平发展道路的现代化。如果说前三条隐含的是对生产力的巨大需求，后两条则隐含的是对供给侧的刚性约束。

人与自然和谐共生的现代化意味着不能再透支环境。中国改革开放几十年来实现经济高速增长的其中一个代价就是环境透支。如今气候变暖，全球要求碳减排，这一压力中国无法回避。不仅如此，我们在新征程上还要反哺环境与生态修复，甚至还应该主动开创和应用更绿色的技术，为整个人类命运共同体的绿色发展贡献我们的智慧。

和平发展的现代化意味着我们不能像西方崛起时一样通过拓展殖民地实现资本积累和市场销售，只能在公平自由的贸易环境中凭借产品和服务本身的性价比和品牌去拓展市场。熟悉经济学的人都知道，大国与小国自由贸易，大国往往"吃亏"。不仅如此，中国作为大国还将不得不为很多国际组织承担更高的费用。

通过上述的解构主义和层层递进的逻辑分析，我们不难理解新征程、新目标的挑战之大。林毅夫老师强调实现快速发展是解决一切问题的根本和关键，就是因为我们只有比发达国家的速度快，人均GDP水平才能实现追赶。

激发新智慧

但怎么才能实现快速发展？中国已从轻度老龄化转向中度老龄化，城市化也已经走过最快速的阶段，工业化迈向新征程，环境压力也有明显提升，

序　言

这些都会直接影响发展速度和效率，更何况我们还要实现高质量发展。要想冲破这重重约束，最大的动力只能来自创新。但在地缘政治日益复杂、"卡脖子"现象频出的情况下，如何提升创新的效率？如何激发地方政府、企业家和公众的创新活力？如何改革才能形成一个更有利于创新的金融服务和制度环境？如何才能在创新发展的同时有效防范系统性风险？

正因为直面问题，我们基于解构主义和逻辑思维，甄选了一批高水平、有针对性的文章，包括如何理解高质量发展、如何理解和应对老龄化、如何理解"双碳"目标和转型金融、如何理解双循环与新发展格局等。只有把每一个重大问题认真拆解，探寻解决方案，每个人、每个组织才有可能庖丁解牛般地找准用力的方向。面对复杂的路况，抬头看路与低头拉车都很重要。希望这本书对大家有所帮助。

当然，这本书不是中国新征程的标准答案，未来是我们一起创造的。本书更大的价值也许是抛砖引玉，激发更多的人认真思考这个历史的新命题，探寻更科学的答案。

本书有不少内容都源于北大国发院的专题讲座论坛，很多伙伴都为活动的举办和文章的编辑付出了心血，家人的支持也为我争取了更多的时间，在此一并感谢，这是我们一起为时代留下的又一个印记，一起为中国前行贡献的又一份力量。

王贤青

北京大学国家发展研究院传播中心主任

2024年7月9日于北京大学承泽园

目录 CONTENTS

1 ● **第一篇章 新环境**——如何认知中国经济的新环境？如何研判世界经济的新变局？

    林毅夫 百年未有之大变局与新结构经济学 / 3

    张宇燕 百年变局的背后是多重挑战叠加 / 26

    姚　洋 全球变局下的中国经济 / 36

47 ● **第二篇章 新目标**——如何读懂中国式现代化的逻辑与内涵？

    林毅夫 中国式现代化的理论逻辑与世界意义 / 49

    姚　洋 中国式现代化与中国经济新征程 / 70

    刘守英 解读中国式现代化 / 81

97 ● **第三篇章 新理念**——如何理解和推动高质量发展？

    林毅夫 新结构视角下的高质量发展 / 99

    闵维方 教育促进高质量发展的战略作用 / 106

    姚　洋 发展自主技术不要忘记两个重要原则 / 115

121 ● **第四篇章 新格局**——如何理解和构建新发展格局？

    林毅夫 双循环的深意与落实中的关键点 / 123

    姚　洋 如何理解中国经济的双循环 / 131

黄益平　以持续的开放政策支持形成"双循环"
　　　　格局 / 150

赵波、周安吉　"全国统一大市场"有什么用？ / 155

第五篇章　新挑战——如何洞察和应对新征程上的新挑战？

姚　洋　中国走向世界经济强国的四个严峻挑战 / 165

徐晋涛　理解碳达峰碳中和目标的三个维度 / 171

雷晓燕　我国老龄化的突出特征与人口政策建议 / 177

赵耀辉　扭转生育率骤降，要着力减轻对女性的"生育惩罚" / 182

黄益平　防范系统性金融风险的旧法宝与新对策 / 187

第六篇章　新动能——如何激发企业的活力？如何提升市场的效力？

宁高宁　全球新变局下的企业战略 / 193

宋志平　变局之下，企业如何稳健经营？ / 199

宫玉振　不确定环境下打胜仗的关键领导力 / 209

刘二海　企业如何提高自身的韧性？ / 218

第七篇章　新改革——如何保持理念的定力？如何挖掘改革的潜力？

林毅夫　快速发展仍是中国未来30年关键中的关键 / 227

黄益平　金融危机的三种理论及对中国的启示 / 231

卢　锋　我国潜在经济增速逻辑 / 237

宫玉振　浮躁时代，我们为何更需要长期主义？ / 240

第一篇章

新环境

如何认知中国经济的新环境

如何研判世界经济的新变局

潜力与变力

百年未有之大变局与新结构经济学

林毅夫

百年未有之大变局与新结构经济学，主要有以下几个方面。首先是百年未有之大变局的起因。事实上，中国的快速发展是大变局产生的重要推动因素，其次是为什么中国在改革开放后能取得快速发展，尤其是中国的发展与西方理论之间的关系，为什么要对西方的经济学进行反思。最后是新结构经济学的理论核心及其在百年大变局时代的应用。

百年变局的起源及走向

讲到百年未有之大变局，先要从百年前的历史开始。一百年前的20世纪初，中国还深陷苦难之中，1900年八国联军攻打北京。八国联军时期的"八国"，是指英国、美国、德国、法国、意大利、俄国、日本和奥匈帝国八个工业化国家。它们是当时世界的主要经济体，其经济规模按照购买力平价计算占世界总量的50.4%，其中美国占比15.8%，是当时的世界第一大国。

林毅夫系第十四届全国政协常委，北京大学国家发展研究院名誉院长，北京大学新结构经济学研究院院长，北京大学南南合作与发展学院名誉院长，世界银行前高级副行长兼首席经济学家。

2000年，世界出现了八国集团。这时的"八国"是指英国、美国、德国、法国、意大利、俄罗斯、日本和加拿大八个工业化国家。八国联军时期的奥匈帝国在第一次世界大战后衰落并瓦解，最终退出世界舞台。加拿大则发展迅速，在二战后跻身先进工业化国家。最后形成由英国、美国、德国、法国、意大利、日本、加拿大组成的七国集团，后来俄罗斯加入，成为八国集团。

八国集团的经济规模，在2000年时按照购买力平价计算占世界的47%。这意味着，从1900年至2000年的一百年里，世界经济总量中有一半左右都被八国占据。经济是基础，决定了这一百年里的世界政治格局由这八国主导。

美国是其中的典型。美国的经济规模在1900年占世界总量的15.8%，2000年增至21.19%（按照市场汇率计算已达30.6%）。回顾整个20世纪的世界主导国家，一战前是英国，二战后是美国。尽管在二战以后形成了以美国为首的资本主义阵营和以苏联为首的社会主义阵营的对峙局面，苏联解体后，美国则成了世界上唯一的超级大国。

冷战时期，资本主义世界由七国集团主导。冷战后，七国集团吸纳了俄罗斯变身为八国集团，继续主导世界。2008年，国际金融危机发生，八国集团的全球领导力式微，此时二十国集团诞生。到了2018年，八国集团的经济规模按照购买力平价计算，已经降到世界总量的34.7%，勉强超过三分之一。至此，八国集团失去了主导世界政治格局的经济实力，世界由此出现了百年未有之大变局。

变局的发生主要源于中国的崛起

从1978年到2020年，中国经济在这42年里的年均增速为9.2%。1978年，中国经济占世界的比重仅为4.9%。尽管当时中国的经济规模排名世界前十，但人均GDP非常低，是一个贫穷落后的国家。到2014年，中国的经济规模按照购买力平价计算已经超过美国，成为世界第一大国，全球影响力显著上升。

与此同时，美国的全球影响力正在下降，美国认为其世界霸权地位受到中国的威胁。因此，中美之间竞争，甚至斗争的本质短期内轻易不会改变。美国会不断利用它在技术和军事上的优势来压制中国，这已经是美国两党的共识。

中美两大经济体如同两头大象，一吵架就会给世界带来各种不确定性。之前哈佛大学肯尼迪学院的格雷厄姆·埃里森教授用"修昔底德陷阱"来形容中美关系的变化。"修昔底德陷阱"的说法源于古希腊历史学家修昔底德的研究，指一个新崛起的大国必然要挑战既有的霸主，既有霸主也必然会回应这种威胁，战争变得不可避免。公元前5世纪，靠海外贸易逐渐强大起来的雅典威胁到当时的强国斯巴达的霸权，两国由此爆发了长达30年的战争。当下的中美关系和历史上雅典与斯巴达的情况相似。埃里森教授的研究发现，从16世纪初至今，世界上总共发生了15次"老大"与"老二"大国位置互换的情况，其中有11次爆发了战争，其余为和平过渡。

但中美之间到底会不会爆发战争？我认为，不能完全排除战争的可能性，但发生的概率非常低。一方面，中国和美国都拥有核武器，战争的后果一定是两败俱伤，所以除了疯子应该没有人会轻易发动战争。未来的中美关系，更有可能像二战后美苏之间的冷战，摩擦不断，但打不起来。

另一方面，从经济学角度来讲，中美之间有很深的贸易和合作，即使是冷战，对美国的企业尤其是高科技企业也将十分不利。美国高科技企业要维持领先地位，需要有巨大的投入，技术取得突破后能创造多大的利润取决于市场规模。按照购买力平价计算，中国目前已经拥有全球最大规模的市场，且每年以30%的速度增长。美国的高科技企业一旦放弃中国市场，那么企业就可能从高盈利变成低盈利，甚至会亏损，科技研发的高投入就难以维持，科技领先地位就难以保持。

中美大规模战争的可能性不高，但关系紧张是难免的。中美贸易本是双赢的结果，然而，美国宁可牺牲贸易上的利益也要压制中国，甚至不惜搞贸易战、科技战，明知道损人不利己，但出于政治的需要，还是不断限制美国企业和中国的贸易往来。

中美之间的紧张关系会持续多久？特朗普和拜登都曾表示，永远不允许中国超越美国。这意味着，如果中国永远落后于美国，中美关系也就会相安无事。但是，发展是基本人权，中国人民有权追求中华民族的伟大复兴。而从《联合国宪章》来讲，每个国家也都有追求发展的权利。因此，在美国不放弃霸权、中国不放弃发展权的前提下，我判断中美之间的紧张关系可能会一直延续到中国人均GDP达到美国一半，中国人口是美国四倍，中国整体经济规模达到美国两倍左右的时候。到那时，整个世界就有可能恢复至一个稳定、和平的新格局。

当中国人均GDP达到美国一半时，中国的北京、天津、上海三个城市加上东部的山东、江苏、浙江、福建、广东五省，其人口总数、经济规模和人均GDP将与美国相当，这也意味着中国这三市五省的劳动生产力水平代表的科技和产业先进程度与美国相当。到那时，美国对中国而言就不再具有科技和产业优势，也就失去了卡中国脖子的能力。而且，中国中西部大约还有10亿人口，人均GDP届时还只有美国的三分之一，仍然处于追赶阶段，发展速度会比美国快。

我认为当中国人均GDP达到美国一半时，中美关系就会趋于正常化，原因有三。

第一，美国到那时将失去卡中国脖子的手段；

第二，中国的经济规模已是美国的两倍，美国再不高兴也改变不了这个事实；

第三，中国是规模最大、发展最快的市场，美国为了国内的就业和经济发展不可能离开中国市场，必须处理好和中国的关系。

因此，到那时美国只能接受中国的壮大。

这样的例子已经出现了，比如德国。美国一直希望联合欧洲国家一起围堵中国，但德国总理默克尔在2021年4月7日致电习近平总书记时清楚地表明了德国的立场，德国要继续加强和中国的经贸合作。原因在于中国是德国最大的出口市场，是德国创造就业和经济增长的主要来源。

再比如日本，日本是八国联军和八国集团中唯一的亚洲国家，是整个20世纪的亚洲最强国。2010年中国GDP超过日本，日本右派刚开始也不高兴，制造钓鱼岛问题，试图打乱中国发展的节奏，中日关系也因此降至冰点。但现在，中国的经济规模已经领先日本许多，日本离不开中国市场，再不高兴也改变不了这个事实，于是中日关系目前又趋于正常。

中国能否继续保持高速发展

如前所言，世界要迎来稳定和平的全新格局，需要中国人均GDP达到美国的一半。那么，中国有没有继续保持高速发展的可能？这要从中国在改革开放后的发展实践中去寻找答案。

中国在转型期经济体制中存在一些问题，以至于几十年来"中国经济崩溃论"此起彼伏。但40多年过去，中国经济不但没有崩溃，反而成为世界上发展最快并且是唯一没有出现过经济危机的国家。

为什么中国经济有很多问题，却仍能快速发展？只有找到背后的真正原因，我们才可以判断中国经济到底有没有继续高速增长的可能，有没有实现人均GDP达到美国一半的可能。

经济增长是人均收入水平不断提高的结果，而人均收入水平提高主要依靠技术不断创新与新产业不断涌现。

在18世纪工业革命以前，美国和欧洲国家经济发展较慢，平均每年人均收入增速只有0.05%。由于当时的技术发展主要依靠人的经验，中国经济发展凭借人多、经验多的优势领先于西方。但在18世纪工业革命以后，欧美国家的经济增速提高了20倍，达到每年1%，并在19世纪以后达到2%。而世界上绝大多数国家没有实现经济技术的快速变迁和产业的快速升级，所以它们的收入水平就跟发达国家越拉越大。到1900年，世界上形成八个发达工业化国家，其经济规模占到全世界总量的一半。

技术创新是指现在使用的生产技术比以前的好，产业升级是指现在的产业附加值比过去的高。工业革命以后，发达国家的收入水平一直位居世界前列，这意味着它们的技术和产业发展也一直处于世界前沿。因此，发达国家要完成技术创新和产业升级，只能依靠自己发明，而发明投入大、风险高。

发展中国家则不同，作为后发国家，拥有后来者优势，在发展过程中可以引进发达国家先进技术和产业作为创新的来源。这比依靠自主发明创造的成本要低很多，风险也小很多，因此可以比发达国家发展得更快一些。但到底能快多少，无法从理论上推断，只能从经验上来判断。

从历史经验来看，二战后有13个经济体每年保持了7%以上的增速且持续了25年或更长的时间。当发展中国家以高于发达国家两三倍的经济增速发展并且维持25年甚至更长的时间，就会快速缩小与发达国家在人均收入水平上的差距。改革开放后，中国就是这13个经济体之一，充分利用自身与发达国家在技术和产业上的差距，促使经济快速增长。

那么，中国在未来是否还具备这样的增长潜力？国内外学界大都对此持悲观态度。目前为止，历史上的确还没有一个国家可以利用后来者优势像中国这样持续发展这么长时间。日本和亚洲四小龙在快速发展了二十几年后增速放缓，其中还包括受到人口老龄化的影响等。比如人口老龄化严重的日本，其增速目前已跌至1%上下。

关于老龄化对经济增长的影响，我认为不同发展阶段的国家受到的影响也不同。发达国家的技术和产业已经处于领先地位，经济发展靠自己发明技术和人口增长，人口老龄化导致人口不增长，经济增长的速度就会从3%~3.5%降为2%左右；而中国是发展中国家，在引进发达国家先进技术和产业的基础上，即使人口老龄化导致劳动力不增长，也可以把劳动力从低附加值的产业转向高附加值的产业，促进经济持续发展。

关于后来者优势可持续的时间，我们可以参考一些历史上的例子。2019年，按照购买力平价计算，中国人均GDP已经达到14128美元，而日本、德国、韩国的人均GDP达到14128美元左右时，其增速就明显下降了，比如德国在此后降至2.3%并且持续了16年。于是很多人觉得，既然发达国家的情况如此，那么中国也不会例外。

然而，我认为关键是看我们还有没有后来者优势，而不是简单依据收入的绝对值做判断，收入的相对值才决定着后来者优势。从收入相对水平来看，当人均收入达到14128美元时，德国的人均GDP已经达到美国的72.4%，日本已经达到美国的69.7%，两国已经跻身最发达国家的行列，意味着技术和产业创新都只能依靠自身的创造发明，没有后来者优势可以利用，经济发展自然放慢。

在2019年中国人均收入达到14128美元时，人均GDP只占美国的22.6%，相当于德国在1946年、日本在1956年、韩国在1985年的经济发展水平。而这三个经济体在相应时点之后的16年，经济增速分别达到9.4%、9.6%和9.0%。当时这三国的人口也在增长，如德国平均每年增长0.8%，日本为1%，韩国为0.9%，中国目前只有0.3%甚至不久将降至0。但即便考虑人口问题，中国在2019年后的16年仍然还有8%的增长潜力，更何况中国还可以将劳动力从低附加值向高附加值产业转移。即便再考虑碳中和、贸易战和科技战等因素，我相信中国从2019到2035年在8%的增长潜力下实现6%左右的年均增长，从2036到2050年在6%的增长潜力下实现4%左右的增长，也都游刃有余。照此发展，中国人均GDP会持续相对快速地上升，于2030年左右就将达到世界银行的高收入国家标准，这在人类历史上将是重要的里程碑。当然，这里有一个前提就是人民币与美元之间的汇率变化不大。

目前为止，全世界高收入国家人口只占世界总人口的18%，而中国人口比世界总人口的18%还多一点，这意味着2030年后，全世界生活在高收入国家的人口将翻一番。到2030年，即便按照汇率计算，中国的经济规模也将超过美国。到2035年，中国人均GDP会在2020年基础上翻一番，达到中等发达国家水平。到2049年，中国人均GDP将达到38900美元（以2019年美元汇率计算）。美国2019年人均GDP为65000美元，预计2049年人均GDP将达到91000美元，比中国人均GDP的2倍高一点。但是研究经济的人都知道，我们只要维持比较高的增长率，劳动生产力的增长速度就比美国快，人民币就可以保持长期升值。如果把这些因素考虑进去，我相信中国人均GDP在2049年达到美国一半的情况可以实现。

因此，只要中国充分利用后来者优势完成技术和产业升级，就能完成中华民族伟大复兴的目标，世界格局也会进入新的稳定阶段。

对发展经济学的反思

如何继续把握后来者优势？中国有句话叫"思路决定出路"，其实外国人也这么认为。凯恩斯讲，一个国家发展得好与否，起决定作用的是思路。

思路源于理论对现实问题的认知，由理论决定，也由我们的世界观决定。

后来者优势不仅中国有，所有发展中国家都有，但为什么只有少数几个国家成功利用了后来者优势？主要原因在于，二战后绝大多数发展中国家都抱着"西天取经"的心态，盲目照搬发达国家的理论和模式。但我要特别强调，目前为止，没有一个发展中国家按照发达国家的理论获得了发展的成功。

我们讲百年未有之大变局下的新结构经济学，首先需要对现有的理论进行反思。学习理论的目的是认识世界，让我们能够解释所观察到的经济现象背后的原因，然后去指导决策，包括政府的政策和企业的发展决策。但如果我们学到的理论不能解释我们发现的问题，或是我们根据这个理论制定的政策不能达到预期的效果，那么我们就应该反思这个理论。

2008年以来，国际上对现代主流经济学有很多反思，因为现代主流经济学不但未能预测2008年的金融危机，而且自身经济增长的速度也下降明显。从数据上看，2008年金融危机之前，发达国家平均每年经济增长速度是3%~3.5%，但如今十多年过去，在现代经济学指导下被认为恢复得最好的美国经济，2019年经济增长率也只有2.7%，2020年因为新冠疫情变成了负数，相比原来的3%~3.5%下降了近50%。其他发达国家的恢复还不如美国。

这也是国际经济学界对20世纪70—80年代以来非常盛行的新自由主义经济学理论有很多反思的原因，而且这也不是对经济发展理论的第一次反思。此前，西方就已经对发展经济学有过反思。发展经济学诞生于二战以后，当时很多发展中国家摆脱了殖民地、半殖民地的地位，开始独立自主追求国家的现代化。为实现现代化，当时的主流经济学中出现了一个新的子学科——发展经济学。

第一代发展经济学一般称之为结构主义。当时，这些发展中国家取得政治独立，都希望实现工业化、现代化，希望老百姓的生活水平可以跟发达国家一样高，国家可以跟发达国家一样强，也就是民富国强。当时经济学界和政治领导人都认为，如果要和发达国家一样富强，就要拥有一样的高收入水平和劳动生产力水平，进而就必须建设和发达国家一样的先进产业。二战后，当时世界上最先进的产业大多是资本密集、规模很大的现代化产业。于是，绝大多数发展中国家也一致决定优先发展资本密集、规模庞大的现代化产业。然而这些产业在市场中无法自发地发展起来，因为有很多的结构性障碍，市场无法有效配置资源，会出现市场失灵。要克服这些，就必须由政府主导建设。

由于发展中国家原来的现代化工业制造品都是从国外进口，出口产品一般都是矿产资源、农产品，按照当时发展经济学的理论，这些工业化产品不再进口，改为自己生产，故也称为"进口替代战略"。在结构主义的"进口替代战略"指导下，发展中国家靠政府的投资拉动普遍取得了5~10年的快速增长。但是，这些新建立的现代化产业没有效率和竞争力，只能靠政府持续的保护补贴维持，导致整体经济发展并不好。到20世纪60—70年代，这些国家不仅收入水平没有提高多少，跟发达国家的差距还越来越大，并且产生不少危机。

所以，被称为结构主义的第一代发展经济学，对解释发展中国家为什么落后，在逻辑上看起来非常清晰，也很有说服力，但据此理论制定的政策和实施结果普遍失败，所以要进行反思。

因为结构主义失败，西方经济学界反思的结果是在20世纪70年代产生了新自由主义，认为发展中国家经济发展不好是政府对经济有太多的干预和扭曲，造成资源错误配置，效率低下，寻租腐败频发，收入差距扩大。这种观点的逻辑也非常清楚，很有说服力。于是从20世纪80年代开始盛行，中国国内直到今天仍有不少信奉者。

根据新自由主义的观点，发展中国家的问题源于政府干预，要解决问题就应该建立和发达国家一样的完善的市场经济体系，价格完全由市场决定，也即完全的"市场化"。同时，企业应该自负盈亏，因此必须把原来的很多国有企业私有化。并且在宏观上，政府应该维持经济稳定，不能有高的通货膨胀，这就要求政府财政预算必须平衡，不应该有财政赤字。简单讲就是，发展中国家最好进行市场化、私有化、政府财政预算平衡、宏观稳定化，以建立和发达国家一样运行良好的市场体系。

1992年，时任世界银行首席经济学家、后来担任美国哈佛大学校长和美国财政部长的劳伦斯·萨默斯（Lawrence Summers）写了一篇文章，指出经济学界对于发展中国家的转型出乎意料地有了一个"共识"，即要想从计划经济向市场经济过渡成功，必须采用"休克疗法"，将"华盛顿共识"所主张的市场化、私有化、稳定化同时落实到位。

然而，照搬"华盛顿共识"的发展中国家最后都出现了经济崩溃、发展停滞和危机不断的情况。数据表明，20世纪80—90年代，推行新自由主义市场化改革的发展中国家相比20世纪60—70年代结构主义的"进口替代战略"时期，平均经济增长速度更慢，危机发生的频率更高。所以，有些经济学家把20世纪80—90年代新自由主义主导的这二十年，称为发展中国家"迷失的二十年"。

由此，新自由主义跟结构主义遭遇同样的命运：对发展中国家的问题，解释起来头头是道，逻辑上滴水不漏，但遵照执行的结果正好相反。

不过值得庆幸的是，二战以后也有少数几个本来落后的经济体经济发展得不错，但它们推行的政策如果用西方主流理论来看都是离经叛道。

这些发展得不错的经济体首先是20世纪50—60年代的"亚洲四小龙"，即韩国、新加坡、中国台湾、中国香港。到20世纪80年代，这四个新兴市场经济体已经成为新兴工业经济体，到如今则已经全部都是高收入经济体。

如果以20世纪50—60年代的主流结构主义来看，亚洲四小龙的政策大多是错误的，这些经济体并没有一开始就建设现代化的大产业，相反，都是从传统的、劳动力密集的小规模制造业开始。它们也没有追寻结构主义的进口替代战略，而是以出口为导向。当时的主流经济学理论认为，这种发展模式怎么可能赶上发达国家？但事实证明，看似采取错误政策的这几个经济体反而赶上了发达国家。

其次是现在发展得比较好的中国、越南、柬埔寨等转型中国家，以及70年代初就开始转型的非洲的毛里求斯。在大多数发展中国家采纳"休克疗法"时，这几个国家普遍采取了"渐进式双轨制"：一轨是保留国有，企业仍由政府控制；另一轨是走向市场经济，放开市场，发展民营企业。双轨意味着市场与计划并存。

当时在新自由主义看来，计划经济不如市场经济，像中国这种计划与市场并存的双轨制经济是最糟糕的制度安排。理由是计划和市场同时存在，腐败空间大量扩张，政府干预经济，资源错误配置的可能性也会大大增加。可如今看来，这几个从理论上看似乎最糟糕的转型经济体，反而都取得了成功。

也有人认为，亚洲四小龙一开始就是市场经济，中国、越南、柬埔寨等也是从计划经济往市场经济转型，因此，新自由主义似乎是对的、有效的。但新自由主义无法解释的是，中国和这些转型经济体不是所谓的"有限政府"，只管教育、健康和社会秩序，而是积极有为的政府，对经济有很多干预，包括宏观调控、产业政策、发展规划等，更像是结构主义所倡导的政府。因此，这些后发经济体的成功，用传统的结构主义和后来的新自由主义都无法很好地解释。

一开始我就讲过，理论是帮助我们认识世界、改造世界，但到现在为止，用发展经济学理论指导的经济体都不成功，而成功的几个经济体执行的都不是这些理论所倡导的政策。因此，我们需要一个理论能够解释为什么中国在存在那么多问题的同时，还能有那么快的发展，同时也能解释其他发展中国家的成功与失败。在对问题的进一步反思中，我提出了新结构经济学，也是第一个来自发展中国家的经济学理论体系创新。当然，并不是发展中国家此前还没有经济学学者提出过新的理论，但拥有完整体系的理论尚未有过。

新结构经济学

我的新结构经济学在1988年初步形成完整的理论框架。今年[①]是新华社《瞭望》创刊40周年，前几天他们提到在1989年采访我的一篇文章。我在那篇文章里已经提到新结构经济学的思路，后面30多年都是基于这个理论思路的分析和应用。绝大多数听我讲过的人都表示应该早一点听，早一点相信，特别一些做企业的朋友说，如果早一点按照我的理论判断的方向去做，企业会发展得更好。

面对百年未有之大变局，中国既需要新结构经济学这样的理论创新，同时中国经济也为新结构经济学提供了更加广阔的应用场景。

我常常讲经济学的研究应该回归亚当·斯密。我指的并不是回到亚当·斯密在《国富论》中的结论，比如分工很重要、国际贸易自由化很重要，或者要依靠市场中看不见的手来配置资源等，我强调的是回到亚当·斯密的研究方法，看他是怎么得出这些结论的。

我们讲读书要"明理"，但是我觉得不够，因为理是不断在变的，更重要的是学会"明明理"，就是要拥有自己观察现象、自己总结经验的能力，学会抓住问题的本质和决定因素。亚当·斯密的研究办法，就是观察现象的本质，探索现象背后的决定因素，进而提出自己的看法和解释，而不是套用

---

① 作者发表此演讲时为2021年。

前人的理论。我研究新结构经济学也是采用亚当·斯密的办法。

对发展经济学而言，想研究的问题是怎么让收入水平不断提高，穷国怎么变成富国，富国怎么变得更富。

收入水平的快速增长是现代现象。18世纪以前，经济发展的速度非常慢。根据一些经济史学家的研究，18世纪以前西欧国家的人均收入增长每年只有0.05%，以此速度，人均收入1400年才能翻一番。18世纪以后，人均收入年均增长突然从0.05%变成1%，收入翻一番所需要的时间也从1400年变成70年。而从19世纪末到现在，西欧和北美发达国家的年人均收入增长速度又翻一番，从每年1%变成每年2%，加上人口增长，每年增长在3%~3.5%之间。

现代经济增长突然加速，最主要的原因是18世纪中叶以后出现的工业革命、技术创新以及附加值更高的产业不断涌现，让劳动生产力水平快速提高。同时，伴随现代化技术和产业的涌现，规模经济越来越大，对电力、道路等基础设施的需求越来越多，金融投资和风险也越来越大，催生了现代金融、现代法律等。所以，现代经济增长是一个结构不断变化的过程，这个结构既包括影响生产力水平的技术和产业结构，还有道路、电力、港口、通信等硬的基础设施和法律，以及金融等各种软的制度安排。

所以，收入水平不断提升是现代经济增长的本质，能够实现靠的是技术、产业、硬的基础设施和软的制度安排等结构的不断变迁。要进一步思考的是，这些结构及其变迁又是什么因素决定的？

新结构经济学在了解了现代经济增长的本质以后，采用现代经济学的方法，来研究现代经济增长的决定因素，也即结构不断变迁的决定因素是什么，背后是什么在推动。按照现代经济学的命名方式，这一理论应该称为结构经济学，但由于发展经济学的第一代是结构主义，为了区分，我称之为"新结构经济学"。这种命名方式也有先例，20世纪60年代，诺斯倡导用现代经济学的方法研究制度和制度变迁，本应叫制度经济学，但19世纪末至

20世纪初美国有一个制度学派，诺斯为了区分，称自己的研究为新制度经济学。新结构经济学的"新"也是这个含义。

新结构经济学的理论基础是，不同发展程度的国家，每个时点给定但随时间可以变化的要素禀赋及其结构和由其决定的比较优势不同，只有按照要素禀赋结构所决定的比较优势来选择产业，才能有最低的要素生产成本，如果再有合适的硬的基础设施和软的制度安排与之配套，交易成本就会很低，因而能够把比较优势变成竞争优势。

发达国家资本相对丰富、劳动力相对短缺、收入水平高，这样的结构决定了它们发展资本和技术高度密集的现代产业有比较优势。发展中国家因为收入水平低，资本短缺，有比较优势的产业一般都是劳动力或资源很密集的产业。

新结构经济学中还有一个非常重要的微观基础——企业自生能力。

什么样的企业才有自生能力？一个有正常管理的企业，如果在开放竞争的市场中不需要政府保护补贴也能获得社会上所能接受的利润率，就有自生能力。如果企业管理没问题，那么在什么条件下才有自生能力？前提是所在的产业符合本国的比较优势，并且本国有合适的软硬基础设施与之配套。相反，违反比较优势的企业就不会有自生能力，因为要素成本太高，在开放的市场中往往竞争不过符合比较优势的产业和企业，也就不能获得社会可以接受的利润率。

发展经济学要研究和解决的本质问题，就是如何能使一国的收入水平不断提高，增加财富，从而民富国强。对此，新结构经济学的逻辑很清楚：要提高收入水平，必须提高产业技术水平，产业技术水平内生于要素禀赋结构。因此，要想从生产率水平低的劳动力密集型产业，或者资源密集型产业，进入收入和技术水平更高的资本或技术密集型产业，前提条件是改变要素禀赋，要从资源或劳动力比较多、资本相对短缺的状态，变成资本比较多、劳动力或者是资源比较少的禀赋状态。如此才能改变比较优势，进而改变产业结构，提升收入水平。

同样的道理，要素禀赋结构和比较优势不断改变的同时，还必须相应地完善硬的基础设施和软的制度配套，从而降低交易成本，使要素成本优势最终变成总成本优势，也就是开放市场中的竞争优势，形成国际竞争力。

这是新结构经济学的切入点。据此分析，一个国家要发展，要想实现民富国强，就要通过产业结构和技术结构不断升级来实现，但是要想提升产业和技术结构，必须先改变要素禀赋结构，而最好的改变之策，就是在每个时点上都根据要素禀赋的比较优势来选择产业和技术，这是发展经济最好的方式。这样做，要素生产成本会最低，如果有合适的软硬基础设施和制度配套，市场交易成本也会最低，就会有最大的竞争力。有最大的竞争力就能抢占最大的市场，创造最多的剩余。资本来自剩余积累，有最大的剩余就能有更多的资本积累，而且，按照比较优势进行投资，资本的回报率也会最高，资本积累的意愿也会最大，因此资本禀赋可以增加最快，这将逐渐让资本从相对短缺变成相对丰富。

发展中国家按照比较优势发展还有一个好处，就是产业和技术的升级可以通过引进来实现，使创新成本和风险相对更低。毕竟，发达国家的产业和技术在世界最前沿，技术创新和产业升级都必须靠自主发明，发展中国家如果能借力引进，技术创新、产业升级的成本和风险会比发达国家小，相同的周期内就可以比发达国家走得更快，从而实现对发达国家的追赶。

有效的市场与有为的政府

按照要素禀赋结构决定的比较优势来发展，这是经济学家的语言。那么，怎么让企业家自发地遵循新结构经济学的思路来做产业和技术选择？这就必须有合适的制度安排。

企业家的主要目标之一是追求利润，要想让企业家追求利润时的选择与整个社会的最佳选择一致，就要有一套能反映要素相对稀缺性的价格体系。举例来讲，当资本相对少的时候，资本就应该贵一些；劳动力或者资源相对多的时候，劳动力、资源的价格就相对低一些。企业家为了利润最大化，就会选择进入多用廉价劳动力和资源、少用昂贵资本的产业，并采取相应的技术来生产。如果有这样的相对价格体系，当资本变得相对丰富、相对便宜，劳动力和自然资源变得相对短缺、昂贵，企业家也就同样会选择进入资本相对密集的产业，用资本相对密集的技术来生产。

只有在开放竞争的市场中，要素的相对价格才能反映各种要素的相对稀缺性，因此，要想让企业家自发地按照要素禀赋结构决定的比较优势来发展产业、选择技术，前提就必须有一个充分竞争的市场。

市场很重要，但只有市场是不是足够？政府要不要发挥作用？

我们知道，经济发展不是资源的静态配置。如果按照比较优势发展，资本会积累得很快，要素禀赋、比较优势也都会变化很快，要不断从劳动力密集型产业往资本密集型产业升级。在升级过程中，除了有愿意冒风险的企业家，也必须有政府能给他提供激励补偿，以及新产业所需要的硬的配套基础设施，还有金融、人力资本、法律等各种软性制度安排的与时俱进，这些都不是企业家能做的。如果没有政府基于科学认知的有为，即便有企业家愿意冒风险，主动产业升级，但交易成本可能太高，使要素禀赋优势无法真正变成市场中的竞争优势。因此，创新企业家的成功还必须有一个因势利导的有为政府。

理论只是一套逻辑，是否可接受还要经得起真实世界经验的检验。2008年，诺贝尔经济学奖获得者迈克尔·斯宾塞（Michael Spence，2001年度诺奖得主）所主持的增长委员会研究了二战后200多个经济体中的13个成功的发展中经济体。这些经济体都实现了平均每年7%或更快的发展，并且维持了25年及以上。这13个经济体有五个共同特征：第一是开放经济，第二是宏观相对稳定，第三是高储蓄、高投资，第四是市场经济，第五是都有一个积极有为的政府。

这个报告引起很多关注，迈克尔·斯宾塞也被非洲、亚洲等许多发展中国家的领导人邀请做报告、提供咨询。这些领导人问他，根据这项研究，到底有没有一个药方，照做就能成功。迈克尔·斯宾塞回答说，这五个成功的特征只是药材，但没有药方。我们知道，如果只有药材，没有药方，并不能治病，药量不对，补药可能变成毒药。

其实，新结构经济学提出的按照要素禀赋结构所决定的比较优势发展经济，就是药方。因为按照新结构经济学的建议，经济发展成功有两个制度前提，一个是有效的市场，一个是有为的政府，这就是增长委员会总结出来的第四和第五项特征。其余三项则是按照比较优势发展的结果，因为按照比较优势发展，必然是符合比较优势的多生产并出口，不符合比较优势的不生产或少生产并进口，所以会是一个开放经济。同时，按照比较优势发展的企业有自生能力，整个经济有竞争力，宏观上自然比较稳定。如果按照比较优势发展，前面已经讨论过了，会有最大的剩余，投资回报率也会最高，自然会有高储蓄和高投资回报率。因此，新结构经济学的发展思路，与二战以后成功经济体背后的追赶之道完全吻合。

前两代发展经济学理论为什么逻辑上听起来很有力，但照做都会失败？对此，新结构经济学也能给出解释。

结构主义没有认识到，一个国家的产业结构内生于其要素禀赋结构，不同发展程度的国家，其产业结构的差异也是内生的，是由要素禀赋的差异决定的。发展中国家普遍缺资本，发展资本密集的产业就违反比较优势，企业没有自生能力，当然只能靠政府的保护补贴才能存在。而且政府的保护补贴会带来各种干预和扭曲，即使能够把产业建立起来，也会有资源错配和寻租腐败。

第一篇章　新环境
如何认知中国经济的新环境？如何研判世界经济的新变局？

新自由主义或者说"华盛顿共识"有那么多知名经济学家支持，为什么也在现实中遭遇失败？主要原因是没有认识到保护补贴也是内生的，内生于保护补贴违反比较优势产业中缺乏自生能力的企业的需要，主张一步到位实现市场化、私有化、宏观稳定化。但首先，资本密集的产业雇了很多人，大都还在城市，如果一下子取消补贴，企业垮台会造成大量失业，影响社会政治稳定；其次，很多产业还涉及国防安全和国计民生，比如电力、电信，如果把保护补贴取消掉，不仅企业垮台，国家也失去安全保障，经济社会难以持续运转。不仅如此，即使私有化，企业索要的保护补贴不仅没减少，反而会更多，效率也更低，寻租腐败更厉害。同时，他们还会反对政府针对新的符合比较优势的产业给予因势利导的支持，于是旧的产业没有自生能力，新的产业又无法出现，国家反而出现去工业化的情形。

少数取得成功的东亚经济体，虽然当时被新自由主义称为最糟糕的发展模式，但恰恰是按照比较优势发展而取得了成功。中国的渐进双轨制转型被新自由主义认为是最糟糕的转型方式，但也取得了成功。道理很清楚，继续给那些没有自生能力的企业必要的保护补贴，可以维持宏观稳定；同时为符合比较优势的产业放开准入，政府积极因势利导，并建设经济特区、改善营商环境等以克服软硬基础设施的瓶颈，使得符合比较优势的产业能马上获得竞争优势，从而稳定快速地发展，并不断积累资本，使原来违反比较优势的产业逐步因为要素禀赋改善而变得符合比较优势，原来的保护补贴也逐步从"雪中送炭"变成"锦上添花"，可以一步步去除。中国改革30多年以后的党的十八届三中全会提出"让市场在资源配置中起决定性作用"，潜台词就是已经可以把渐进双轨时期的很多保护补贴取消掉。

新结构经济学的分析方式与马克思主义的唯物辩证法和历史唯物主义也一脉相承。

新结构经济学秉承了唯物辩证法以每一个时期给定，随着时间可以变化的要素禀赋这一物质存在，作为分析经济结构的切入点和出发点，来研究经济发展结构变迁的规律。

历史唯物主义主张，经济基础决定上层建筑，上层建筑反作用于经济基础。经济基础包括生产力水平以及和其相适应的生产关系。在现代经济当中，生产力水平由产业决定，资本密集的产业生产力水平当然就高，传统的劳动力密集型或者自然资源密集型的产业，生产力水平就低。选择什么样的产业由要素禀赋决定，要素禀赋结构是一个物质存在，决定了具有比较优势的产业，也就决定了生产力水平，以及由生产力水平决定的工资水平和劳资关系等生产关系。不同产业的规模、风险特性不同，决定了合适的基础设施和上层制度安排不一样。另一方面，上层制度安排合适与否，也会反过来影响生产力水平的发挥和演进。

可以说，新结构经济学是辩证唯物主义和历史唯物主义这一马克思主义世界观、认识论和方法论在现代经济学的运用，同时也拓展了历史唯物主义的分析方式。

按新结构经济学发展的成功案例

按照新结构经济学思路去发展的结果如何？我介绍几个成功的例子。

第一个案例是新疆和田地区。那里是我国最贫穷落后的地区之一，有7县1市在2015年都属于深度贫困地区，当年当地人均GDP为1万元人民币左右，而当时全国人均GDP已经达到5万元人民币，当地比越南和柬埔寨还穷。当时和田地区有250万人口，80%以上以农业劳动为主，参与工业劳动的只占5.3%，且还有六十几万剩余的年轻劳动力。

2015年时我去给他们出谋划策，当地人多、地少、收入水平低，说明其比较优势是劳动密集型产业。改革开放初期，和田和东部的工资差距很小，和田地处内陆，交易成本中的交通成本太高，所以发展加工业不可行。到2015年时条件发生变化，和田面临的机遇，一是当地劳动力工资水平是我国东部地区的三分之一、四分之一；二是西部大开发使得当地的交通基础设施日趋完善，特别是"一带一路"建设使和田从后方变成了前沿。

如何抓住这些机遇？新结构经济学倡导政府要发挥积极有为的作用。我建议和田像当年东部地区一样，设立工业园招商引资，把适合当地的产业发展起来。当地政府按照这个思路，创造了十几万个制造业就业基地。制造业创造一个就业的乘数效应至少是3~5之间，目前和田已经开始出现劳动力紧张的情况了。过去是当地劳动力到外地去就业，现在基本是在本地就业。新结构经济学的思路，在全国脱贫攻坚最艰难的和田地区实践成功了。

第二个案例是埃塞俄比亚。它是世界上最贫穷的国家之一，人均GDP在2010年之前排在非洲倒数第三位。埃塞俄比亚的情况同样是劳动力多且便宜。劳动密集型的加工业在埃塞俄比亚发展不起来，也是因为缺少完善的基础设施和好的技术。我对此做了研究，并在2011年3月将研究报告递交给了埃塞俄比亚时任总理梅莱斯·泽纳维（Meles Zenawi），向他介绍了中国招商引资的经验。

梅莱斯总理在2011年8月出访中国，开始尝试在深圳招商，邀请当时国内的制鞋龙头企业华坚到埃塞俄比亚参观考察。华坚的老板张华荣当年10月就去了埃塞俄比亚，看到当地的人工工资只有国内十分之一，可以帮助企业的工资成本降低很多，而当地的劳动生产效率可以达到国内的70%左右，在产出率不变的情况下，工资成本能总体减少15%以上。当地供应链不好，如果把各种生产零部件从东莞运到埃塞俄比亚，物流成本从2%将翻一番增加到4%，总的算起来，把工厂建在埃塞俄比亚，至少还有10%的利润。而10%的利润，对加工制造业而言已经很高了。

华坚当时决定去埃塞俄比亚投资建厂，并招了86名当地工人来国内培训。2013年1月开工生产，5月华坚已经成了埃塞俄比亚最大的出口企业，并在当年底把埃塞俄比亚整个制造业出口翻了一番。目前，华坚位于埃塞俄比亚亚的斯亚贝巴的两家大型工厂雇用了8000名当地工人，可以说为非洲创造了奇迹。

第三个案例是卢旺达，埃塞俄比亚的成功促使卢旺达也来向我们取经。2013年9月，卢旺达总统通过大使馆联系我，当时我正好在乌兹别克斯坦，但卢旺达总统非常有诚意，专门在北京多待了2天等我，让我很感动。我向他建议说，因为卢旺达比埃塞俄比亚更加地处内陆，所以应该发展更轻的产品。不久，当地开始设立工业园，招商引资。目前卢旺达首都的成衣厂雇工已达2000人，成了这个国家除了军队、警察、政府官员以外最大的就业去向。而且这家工厂成功后还带动了其他成衣厂的发展。

第四个例子是波兰，东欧第一个转型国家。它从1989年开始按照新自由主义发展，由于缺少政府对新产业的因势利导，该国从1989到2015年出现了严重的失业问题，导致政治不稳定。2015年10月，新上台的法律工作党政府宣布制定国家发展计划，舆论怀疑这是回到计划经济。当时负责这个工作的副总理兼财政部长、发展部部长在报纸上撰文称，"我们不是回到计划经济，我们是使用林毅夫教授提出的新结构经济学来制定产业政策"。他在2016年提出了上述计划。2017年，波兰的人口占整个欧盟的10%左右，但当年整个欧盟70%的新增就业都来自波兰。这位波兰副总理也因此于2018年升任总理。这也是近代以来，中国提出的一个理论首次变成外国政府经济政策的指导原则。

结语

中国未来还能不能维持快速发展？从新结构经济学来看，要把潜力变成现实，需要有好的政策思路。新结构经济学提供了一个思路：只要把中国未来的比较优势继续利用好，并不断解决发展过程中遇到的问题，坚持市场化的改革方向和对外开放，继续建设好有效的市场，同时发挥政府的有为作用，把硬的基础设施和软的制度完善跟上，中国一定会实现民族复兴，也有益于构建"共享繁荣的人类命运共同体"。

（本文为作者2021年4月在北京大学国家发展研究院"国家发展系列讲座"上的演讲）

百年变局的背后是多重挑战叠加

张宇燕

当今所处的历史方位

为什么说人类又一次站在了历史的十字路口?

布罗代尔在《资本主义论丛》中将历史分成了三个阶段:长时段、中时段、短时段。

长时段是几百年,甚至上千年,其中的一些变量和因素基本是恒定的,例如,气候、生态、社会组织、思想传统等,这些对人类的影响非常深刻,但是基本上不会发生变化,绝大多数人一生仅有百十来年,在长时段这一维度里,历史几乎是宿命的。

中时段是几十年甚至上百年内形成周期和节奏的一些对历史起重要作用的现象,如人口、物价、产出、工资、技术、制度等,这些变量对人类生活也起到很重要的影响,但是和长期变量比起来,决定性可能稍微弱一些。

短时段主要是一些突发的事变、革命、条约、地震等,这些事件如同闪光的尘埃般转瞬即逝,对整个历史进程只起微小的作用。

张宇燕系中国社科院学部委员。

今天我们站在历史的十字路口，是因为这三个时段的变化叠加到了一起。

过去不怎么变化的长时段变量，例如气候变化、生态环境，现在都在发生非常严重且紧迫的变化。中时段的因素变化也很多，特别是数字技术的发展，以及全球产出总量增加，不同经济体，特别是主要国家之间的产出对比发生了变化，比如中美。大国之间的博弈使得国际规则也在发生变化，国际货币体系也发生了变化。短时期的变化有通货膨胀，目前美国、欧洲的通胀都非常高，虽然略有缓和，但这会导致货币政策调整。此外还有一些因素比如新冠疫情的影响和恢复、乌克兰危机等。

气候和生态环境等全球问题形势严峻

气候的影响是非常大的。联合国秘书长古特雷斯在2022年9月的联大会议上讲道："洪水、干旱、热浪、极端风暴和山火正变得越来越糟，以惊人的速度打破纪录，……这些灾难不是天然的。"这意味着上述灾难是人类行为造成的结果。

在2022年11月的《联合国气候变化框架公约》第27次缔约方会议（COP27）上，古特雷斯说："我们人类只有一个选择，要么合作，要么灭亡。"

根据"全球碳计划"网站的测算，在全球升温1.5摄氏度的情况下，剩余碳预算仅为3800亿吨，这些二氧化碳的排放配额如何分配需要很复杂的计算。2022年11月COP27指出，21世纪头10年碳排放增长3%，第二个10年会放缓至0.5%，各缔约方同意建立损失与损害基金，对特别脆弱国家进行补贴。

生态环境的影响更大。2022年10月世界自然基金会《地球生命力报告》发布的数据让人触目惊心："1970年以来，全球受监测的野生动物种群数量平均减少69%。"

全球问题日趋严峻。牛津大学的年轻学者托比·奥德出版了《危崖：生存性风险与人类的未来》。他在书里谈到了很多人类面对的风险，除了核武器，还谈到了目前最紧迫的未来风险，包括气候变化、工程化病原体（engineered pathogens）、人工智能，等等。

将上述各种风险组合得出人类未来100年面临的总生存风险的概率为1/6，这个概率是有史以来最高的。

所以人类长期的战略：首先是离开悬崖，这是我们时代的任务，其余的可以等待，然后进入"漫长的反思"，在这段时期内人类将再确定最美好的未来。

很多问题都是和人类只追求经济增长、单纯考虑GDP，不考虑环境、气候等因素相关的。

一些国际机构，主要是联合国的机构推出了一个新的指标体系——IWI（Inclusive Wealth Index），希望能够用这个指标慢慢替代GDP。能否很好地理解这个指标，和能否很好地理解人类所处的困境以及世界经济紧密相关。

与侧重短期货币价值的GDP相反，IWI将一国财富置于三大资本存量上：一是生产资本，主要包括机器装备、建筑物、道路等，范围比较广，还包括基础设施；二是人力资本，主要由人口受教育程度和健康状况构成；三是自然资本，由化石燃料、矿物、森林、农业用地、渔业组成，比较吻合"绿水青山就是金山银山"的理念。

这个新指标和GDP的主要区别是：除了内容变广了，它还是一个存量指标。GDP是一年之内新增的财富，是一个流量指标。发起这个指标的是斯坦福大学的肯尼斯·阿罗（Kenneth Arrow）等重要的经济学家，还有剑桥大学的经济学家等。

全球治理赤字：理论与现实

解决全球问题靠的是全球治理。

现在全球治理存在赤字。为什么解决不了这么多问题？这涉及经济学中一个很重要的概念——集体行动难题。每一个国家都想搭便车，却不想让别人搭自己的便车。全球治理一旦取得好的效果，所有国家都会自然而然地享受其好处，这是一个公共产品。但"好事多磨"，由于这个好处是由所有国家分享的，实现这一目标又要付出成本，所以就出现了"集体行动难题"。

如何解决全球治理赤字？

在理念上、理论上，要把全球治理赤字解释清楚，形成真正的共识。建立更加公正合理的全球治理体系，需要"大家的事，要商量着办"。

这里提出五个原则。

一是同意或自由原则。由于在国家之上不存在权威，约束性的国际规则必须征得被约束国同意，这里面涉及主权原则。

二是平等原则。国家之间是平等的，约束他国的国际规则也必须同时约束自己。以上两条讲的是公正问题。

三是权利与义务统筹与匹配原则。这条讲的是合理性问题。例如，现在中国是世界第一大二氧化碳排放国，每年的排放量占全世界的30%，但是从存量来看，美国工业革命以来排放了5200多亿吨温室气体，中国到今天才排放了2700多亿吨。二氧化碳排放的增量中国多，存量美国多，这时就要遵循权利与义务统筹对等的原则来进行平衡。

四是效率原则。也就是说全球治理在解决全球问题时要管用。

五是补偿原则。有些问题的外部性太强，比如31%的亚马孙森林，或者是受到了破坏，或者是改成了农田、牧场。亚马孙森林相当于地球的"肺"，它的面积缩小，不光影响巴西，还会影响到整个人类。虽然亚马孙森林主要位于巴西境内，但是其外部性太强了，为了同时满足全球福利和巴西诉求，主权不可侵犯原则就需要在补偿中被放松。

以上就是我心目中的全球治理五项原则。

理论非常重要。这里讲一个故事，熊猫的发现者是法国人。1869年，法国的动物学家、植物学家戴维在四川广安发现了熊猫。几千年来，当地的农民天天和熊猫在一起，但在科学上发现熊猫的人却不是中国人，因为中国当时没有对动物物种分类的一套理论体系。

中时段影响变量的情况

去碳减排已成为世界潮流，这对未来世界经济的中长期发展，以及短期发展都会产生重大影响。无论是否接受，去碳减排都已经成为世界潮流了。20世纪70年代人们最担心的还是全球变冷，现在我们担心的是全球变暖。

技术进步是把双刃剑。技术进步对人类的影响很大。人工智能一方面给人类带来极大的便利，另一方面会带来很大的风险。《危崖：生存性风险与人类的未来》中讲到了人的财富、信息、隐私等，还提到人工智能的自我学习能力很强："一个误区：认为人工智能（AI）夺得控制权需要由机器人来实现。实际情况是，只要AI系统能够诱使或胁迫人们听从它的物理指令，它就根本不需要机器人。"

人工智能是一套系统，人类对人工智能的认识不能受好莱坞电影的影响。它能控制人的财富，然后以此控制政治家、将军甚至国家，会给人类带来很大的风险。基辛格和谷歌公司前首席执行官埃里克·施密特、麻省理工学院人工智能专家丹尼尔·胡滕洛赫尔合著了《人工智能时代与我们人类的威胁》（2021），书中阐述了这项新技术带来的机遇和危险，也特别谈到"必须对人工智能影响力加以限制"。

第一篇章　新环境
如何认知中国经济的新环境？如何研判世界经济的新变局？

人口结构在发生变迁。人口也是一个很重要的变量，其有两方面的结构：一是年龄结构，二是族群结构。

年龄结构方面是老龄化的问题，老龄化国家有日本、欧洲、中国等。这些国家的总和生育率都低于1.5的国际警戒线，韩国更是低到了0.81。人口总量对财政、金融、创新等影响非常大。印度人口已经超过中国，成为全球人口第一大国。

族群结构方面，比如5年前美国新出生婴儿中一半以上都不是白人了，今年20岁以下的美国人一半以上不是白人。特朗普曾提出在美墨边界修墙，签发所谓的"限穆令"，即便他触碰了美国敏感的"政治正确"问题，但最后还能当选总统，就是因为这个问题在美国很严重。

但这个问题在欧洲更严重。根据皮尤的统计数据，目前，全球人口中基督教人口最多，到2060年穆斯林人口占比将达到1/3，和基督教的人口一样。美国的极端白人至上主义里有一个所谓的"加速主义"，其认为现行的体制不足以阻挡非白人对白人文化的侵蚀，必须通过暴力活动阻止，例如新西兰就出现了袭击清真寺的事件。

大国力量对比发生深刻变化。大国力量对比就是产出的变化。在过去40多年间，按照市场汇率计算，中国的GDP从1980年不到美国的7%提升到2021年占美国GDP的76.95%。以至于在2004年的时候，重量级经济学家萨缪尔森在《经济学展望》上写了一篇文章，把技术进步因素和国家相对福利因素引入李嘉图-穆勒模型，他在论证中非常严谨地给出了一个模型，结论是美国对中国的开放，将让美国受到永久性的伤害。

该文试图从理论上推翻自由贸易造福各参与方的结论，认为存在着这样一种可能性——两国互相开放市场，最后一个国家获益，另外一个国家受到永久性的损害。

像萨缪尔森这样的经济学家都对自由贸易理论提出了学理上的质疑，某种意义上来讲，这对于经济学来说预示着一个时代的结束。克鲁格曼曾经说，判断一个经济学家是真经济学家还是假经济学家，就看他支持不支持自由贸易。

西方国家对于中国的限制主要来自两方面：一方面是"规锁"；另一方面是建立平行体系或者是逐步地"脱钩"。我们国内目前生产口罩、鞋、服装、玩具这些商品没有问题，但是在高科技领域，明显可以感觉到有所限制。

"规锁"是规则之锁。拜登在竞选的过程中发表过一篇文章，把他的对华政策讲得非常清楚，美国要联合盟国、伙伴国制定一系列国际规则以阻止中国主导高科技、先进的未来产业，要把中国锁定在全球供应链、价值链的中低端。其中的规则体系包括WTO的改革，例如非市场经济扭曲问题、补贴问题、强制技术转让等。

建立平行体系，就是在用规则约束不了对手的时候另起炉灶，"小院高墙""友岸外包"，通过拆台、架空、改组、扩建、新创国际组织等方式打造平行体系。

过去，外包往往是按着经济学原则，把产业链布局到成本低的地方，这样能获得更多的利润。而友岸外包则是以意识形态来划线，外包给自己的朋友国家，这对全球价值链、供应链、世界市场体系的影响都是比较深远的。

2022年5月份，在欧洲的一次会议上，美国财长耶伦和欧洲央行行长拉加德都在谈友岸外包，所以友岸外包确实是真实地在一步步推进的，包括"印太经济框架"等。

美国华盛顿有一家非常著名的智库——彼得森国际经济研究所（PIIE），其做过一项研究。2018年美国国会扩大了外国投资委员会（CFIUS）的审查权与审查范围，并授权其必要时修改或阻止投资。PIIE研究了CFIUS的审查情况发现，2016—2021年只有4%的并购来自中国，但受审查量却占到了15%。中国的审查指数为3.7，法德加英平均不到0.5，日韩为1.5，新加坡为2.6，从中可以看到中美关系在经贸领域发生的变化。

国际货币金融体系新趋势：美元霸权在削弱

美国从美元霸权中获得了很大的好处，这种好处是市场力量慢慢形成的，而不是强迫的。

但是国际货币金融体系正在发生变化。

国际货币基金组织（IMF）对149个国家和地区进行了统计，2020年底全球外汇储备总额12.7万亿美元，以美元计价的世界外汇储备资产比例连续5年下降，跌至59%，创下25年来最低。哈佛大学的教授罗格夫提出，近20年美国国债占全球GDP的比重持续上升，但美国产出占全球GDP的比重却在下降，长期来看，这对美元的地位会有影响。这类似于20世纪60年代布雷顿森林体系面临的"特里芬两难"，我把这个现象称为"罗格夫双难"。

影响美元地位的因素有很多。例如，欧盟在这次疫情期间推出了一个7000亿欧元的欧洲复兴计划。这7000亿欧元主要来自发债。在成立了欧央行、发行了欧元后，欧洲货币一体化一直做不起来的原因是没有统一的财政，这次以欧盟的名义发债后，在财政上迈出了一大步，以后欧元就有了一个类似美国国债的统一的可投资产品。这对欧元的国际地位会是一个很大的支持。

俄乌冲突以来，美国及其盟国制裁俄罗斯，极大削弱了美元的金融力量。把俄罗斯剔除出SWIFT系统，冻结它的外汇储备，这对以美元为主导的国际货币体系的信心冲击很大。

另外，人民币的国际化也在逐步推进。未来国际货币体系应该是美元、欧元、人民币三种货币共享荣光，这是我们共同的愿景。

未来预测与应对

根据国际货币基金组织两位经济学家和有关学者的研究，新冠疫情结束之后，经济并不会自然好转，很多脆弱的发展国家反而可能出现问题。现在，很多国家暴露了财政问题、货币危机等，地缘政治冲突也增多了，这是值得关注的。

世界经济下行压力的来源是美国和欧洲等国采取了货币紧缩政策。因为美欧CPI增长的速度很快，去年美国通胀达到9.1%，欧元区超过10%，所以必须采取严厉的紧缩政策。美国联邦基金利率已经升至4.5%~4.75%的水平，3月份可能还会再加息25个基点。欧元区也在提升基准利率。

这会带来溢出效应，比如发展中国家的债务问题，斯里兰卡、加纳都出现了债务危机，韩国、巴西等很多国家也都有爆发债务问题的迹象。

贸易保护主义也是世界经济下行的压力来源之一。大国博弈转向负和博弈。零和博弈是"我赢你输"；负和博弈是一方可以承受损失，只要另一方的损失比它大。友岸外包就是负和博弈，这会增加成本。WTO认为，从长远看，如果全球脱钩为两大独立的集团，将使全球GDP至少减少5%。

党的二十大报告中，对当前的国际环境和所处的历史方位有一段非常精准的描述："当前，世界之变、时代之变、历史之变正以前所未有的方式展开。一方面，和平、发展、合作、共赢的历史潮流不可阻挡，人心所向、大势所趋决定了人类前途终归光明。另一方面，恃强凌弱、巧取豪夺、零和博弈等霸权霸道霸凌行径危害深重，和平赤字、发展赤字、安全赤字、治理赤字加重，人类社会面临前所未有的挑战。世界又一次站在历史的十字路口，何去何从取决于各国人民的抉择。"后面这几句话的分量很重。这句话对今天人类所处的整个历史方位做了非常精准的描述,让我们一起行动起来,为人类走出多重挑战而付出应有的努力。未来并没有既定的答案,是由我们共同书写的。

(本文为作者2023年2月在浦山讲坛"展望2023年世界经济:趋势、挑战与应对"上的演讲)

全球变局下的中国经济

姚洋

今天和大家分享的主题是"全球变局下的中国经济"。首先讲讲全球变局的大背景，然后谈两个比较具体的问题：世界是否在和中国脱钩、中国经济的增长潜力。

全球变局，变的是什么？

我们总说"全球变局"，变的到底是什么？我的理解是，这个变局最重要的变量之一就是中国经济的崛起。

中国的崛起

过去几十年，世界上意义最重大的事就是中国无与伦比的崛起。因为中国作为人口和国土面积的巨型国家，在短短四十年里从几乎赤贫变成经济体量世界第二，而且在很多方面已经走在世界前列。这一异乎寻常的崛起对世界有三方面的改变。

姚洋系北京大学博雅特聘教授，北京大学国家发展研究院原院长、中国经济研究中心主任。

第一，改变世界经济格局。

以前，美国GDP总量占世界的比例最高超过40%，即使后来有所下降，也在四分之一以上。中国的经济总量占世界的比例从改革开放前的2%上升到现在的18%，制造业增加值达到世界的30%，是排在后面的美国、德国、日本三国总和。2020年，在《财富》杂志世界500强榜单上，中国公司的数量首次超越美国。并且，中国已从受援国发展为世界上数一数二的外援大国。

第二，挑战美国主导的地缘政治格局。

不仅经济总量快速上升，中国在地缘政治方面也快速崛起。这对美国构成一个非常大的挑战。

在亚太地区，以前我们说"欢迎美国在亚太的存在"，现在我们说"太平洋足够大，可以容纳中美两个大国"。我们已经意识到，中国在西太平洋的崛起已经成为必然和事实，经济体量的上升必须伴随军备力量的上升，并对周边带来影响。中国并没有拼命发展军备，我们军费开支的增长速度和GDP的增长速度基本持平，军队力量的提升完全是经济实力增强的自然结果。

"一带一路"倡议是第一次由中国提出一个国际议题，然后美国不得不做出反应。过去，中国的外交是"刺激－反应"模式，美国出一道题目，我们赶紧作答，是被动状态。"一带一路"倡议提出之后，我们开始主动，美国必须作答。这是巨大的变化。

我国还参与了很多区域性组织和贸易协议。比如，RCEP是和东盟构建的《区域全面经济伙伴关系协定》，东盟是主体，中国在其中发挥了很大作用，我们借此和东盟建立了稳定的关系。

AIIB（亚洲基础设施投资银行）是中国倡议设立的，总部在北京，成员国已超过一百个，除了美国，发达国家基本上已经全部加入。美国的盟友们抛开美国来参加由中国发起的国际组织，这也是非常了不起的。还有一个金砖国家新开发银行，总部在上海。这两个国际金融组织的总部在中国，这对我们而言是关键性的进步。目前为止，还没有一个国家能够不经过美国的同意就建立起区域性金融组织。从这个角度看，中国挑战了美国一家独大的格局。

第三，挑战了历史终结论。

1989年，日裔美籍政治学家弗朗西斯·福山提出了著名的历史终结论，认为人类政治历史发展已经到达终点，历史的发展只有一条路，即西方的自由主义民主。但是，中国的实践挑战了他的理论。中国共产党具有旺盛的生命力，不断地自我革新和创造，而且拥有自己的正当性哲学基础。

这种新的国家治理模式、新的哲学基础提出一个巨大的问题——人类社会除了自由主义民主之外是否还存在其他正当的国家治理模式？中国的实践证明，这个模式是存在的。

拜登政府搞所谓"民主联盟"，认为中国挑战了美国的底线。这个底线就是美国在二战之后构造了整个世界体系，认为所有国家都必须进入这个体系，最终都得变成自由主义民主体制。然而，中国坚定地走自己的路。这对美国构成了根本性的挑战。

美国的焦虑

中国以不同的政治形态崛起，对美国和整个西方提出了大问题——能否容纳中国这样一个政治制度不同的国家与之平起平坐？美国是霸权国家，从未被其他国家这样挑战过。虽然苏联一度挑战过美国，但那是冷战时期，两个阵营很界限分明，而且苏联的经济体量小得多，从来没有超过美国GDP总量的70%。

现在美国非常焦虑，压力来自多方面。

在美国国内，全球化加剧了国内收入不平等，东海岸的金融、制药等行业从全球化中受益良多，广大中西部地区不仅未得益，反而受损。在社会领域，族裔分化导致认同焦虑。政治领域则是极端主义愈演愈烈。"否决者政治"是福山最近一本书的主题，每个人都可以否决你，所以美国变成了不可治理。

美国采取了什么应对措施？在国际上对中国发泄愤怒。美国人认为，把中国拉入它营造的全球化体系，中国就应该变得越来越像美国，但这一愿望落空。在WTO、IMF、世界银行，凡是和中国有接触的国际组织里，美国都开始跟中国作对，还在科技领域持续打压中国，同时加强在亚太地区的军事存在。

美国面临一场选择，是跟中国打一场新冷战，还是构建新的世界秩序来容纳不同政治制度的国家。这样的国家不仅有中国，还包括俄罗斯、土耳其，甚至印度。

世界在和中国脱钩吗？

中美之间的对立非常强烈，但是最后不一定变成你死我活，因为中美已经紧密连接在一起，想脱钩非常困难。

经贸领域：更深的挂钩

特朗普政府时期的贸易摩擦，的确对我国贸易有所影响，2019年和2020年新冠疫情刚暴发时，我国进出口都有所下降。但是疫情暴发之后，由于中国是供给大国，欧美是需求方，中国凭借制造业优势实现了出口猛增。世界未能因疫情而离开中国，反而更加依赖中国。

我认为，特朗普政府跟中国打贸易战主要有两个目的：一是解决中美贸易失衡，二是让美国制造业回流。现在看来，两个目标都未能实现。美国对中国的贸易赤字过去三年都在增加，从2020年的3103亿美元达到2022年的3829亿美元。美国自己的总赤字也到了惊人的9000亿美元。美国这几年货币放水，未来总要还的。照此速度，今年美国贸易赤字会达到万亿美元级别。中国对美国的贸易盈余又回到了贸易战之前的水平，占美国总赤字的40%。

所以，问题并没有解决。

外资还在进入中国

尽管时有媒体报道有外国公司离开中国，但数据表明，资本仍然在进入中国。我国2021年实际使用外资是1.15万亿元，比2020年增长14.9%，占全世界的11.4%；2022年增长到1.23万亿元，比去年同期又增长6.3%。

外资为什么进入中国？第一，外资离不开中国这个巨型市场。例如德国三大汽车公司利润的40%都来自中国，不可能轻易离开中国；第二，中国的制造业能力是无与伦比的。

亚洲的产业的确在重组，但重组是有道理的，劳动密集型产业外流是正常现象。三十年前港澳台把其淘汰的产业转移到大陆，今天这些产业从大陆转移到东南亚，这是中国产业升级的必由之路。中国已经站在世界舞台的中央，我们中国人也要随之适应，心理状态要升级。

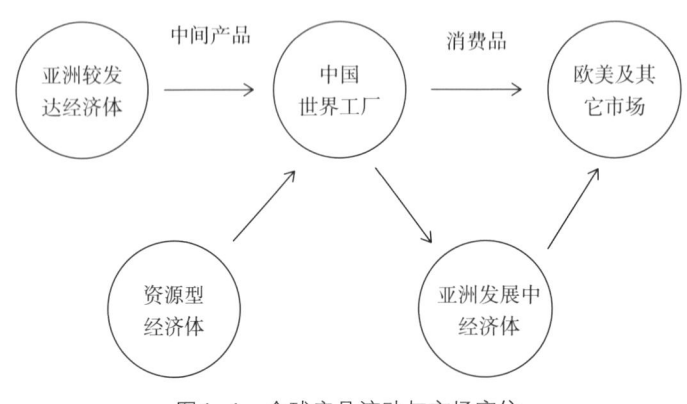

图 1-1　全球产品流动与市场定位

第一篇章　新环境
如何认知中国经济的新环境？如何研判世界经济的新变局？

有人说中国周边这些国家联合起来会替代中国的世界工厂地位，我认为不可能。过去，亚洲较发达经济体和资源型经济体给中国提供中间产品和原材料，中国生产消费品出口给欧美及其他市场。现在中国多了一条路，把一些初级中间品产业转移到东南亚，中国自己的产业就升级了。东盟对中国有贸易逆差，我们本来是直接出口到欧美，现在只不过是先经过东南亚，再出口欧美。其实东南亚的很多工厂也是中国人开的。

美国与中国科技脱钩的实与虚

美国和中国脱钩，哪些是实的，哪些是虚的？美国的举措有实体清单（禁止美国企业向清单上的中国企业销售产品）、CHIPS法案（美国二战以来最大的产业政策，总额1800亿，芯片行业500多亿）、2022年11月的一揽子出口管制（主要针对中国的芯片行业），在国际上用瓦森纳协议要求成员国不能将军民两用技术出口给中国。

美国人也意识到，惩罚中国的同时，自己也会受损，所以实施了"小院高墙"政策，就是在很小的领域里制裁中国，但是要制裁到让中国有痛感。具体措施包括全面封锁高科技技术的转让，禁止中国学生到美国学习STEM（科学、技术、工程、数学），禁止美国公民和永久居民为中国芯片企业服务，对高精度芯片（以14纳米为界）实施出口管制和制造设备管制。下一步，美国可能要禁止本国企业投资中国的高科技行业，并把出口管控扩大到生物医药等领域。

"小院高墙"起作用了吗？我们国发院联合西安光机所对实体清单上的几十家企业做了调研，结果是三分之一的企业受影响严重，三分之一通过措施规避了影响，其余三分之一并没有实质性影响。

在芯片领域，80%的芯片的精度低于40纳米，所以，大多数产品其实不需要很高精度的芯片。我国对精度超过14纳米的芯片投资大幅度增加，如果我们能突破28纳米，基本就可以不依靠美国，独立进行全产业链生产。

41

另外要注意，很多技术革命都是换赛道进行的。正如我国在汽车行业换到了电动汽车赛道，超越了燃油车，下一步在芯片领域的竞争也需要换赛道。中国在光子芯片研发领域已经处于世界第一阵营，大概十年内能实现应用。光子芯片相对于电子芯片具有载荷大、耗能低的优势，如果量产，将很快淘汰掉电子芯片，届时中国就能又一次实现技术领域的换道超车。

美国对华政策的转向

因此我认为，美国对华政策的转向未必是全面遏制，也根本做不到全面脱钩。中国加入世贸组织之后积累了二十多年，发展势头已经无法阻挡。

根据我的观察，美国处于对中国的愤怒期，认为中国没有如其所愿变得与之越来越像，所以，"惩罚"中国是目前美国对华政策的主导因素。今年1月份，我们国发院去美国走访了主要政府部门和智库，强烈感受到这些对华政策被情绪主导，缺乏逻辑。

谁都不可能永远愤怒下去，所以中美之间仍然有回旋余地，仍然可以做到避免热战、管控竞争，实现有限领域的合作。我建议中美从具体事务着手，推进中美竞争的规则。比如中国企业赴美上市财务审查达成了协议，福特汽车公司和宁德时代在美国合作建立电动汽车电池工厂，都是范例。这个厂属于福特公司，但是所有设备、技术、管理都来自宁德时代。这是中国第一次向美国出口成套技术，有朝一日如果中美的技术优势翻转，这将是一个标志性的事件。

中国经济的增长潜力在哪里？

创新成为经济增长的动力

任何经济都有周期，中国的经济增长也有周期。中国的周期和改革相关，也和经济的自身调整相关。

过去四十年中，基本上每十年是一个周期——1980年代是高增长时期，但那时候因为起点低，增长的成果在全球范围内并不显著；1990年代是调整时期，最困难的改革主要都发生在那段时间，包括国企改革、政府改革、分税制改革、加入世贸组织，等等。尽管过程极其痛苦，但使得中国在21世纪头十年实现了超高速增长；2010年代又进入调整期，主要是经济结构调整，淘汰落后产能和落后企业。如果这个周期性观察是正确的，2020年代对于中国而言应该是新的增长周期。

通过过去十年的调整，我们的企业都认识到脱虚向实是大势，要做实业。过度金融化得到了有效控制。中国的隐形冠军不断涌现，我们国发院很多校友的企业都是这样。例如有位校友投入十年时间做防火材料，现在成为亚洲第一，也通过了美国的技术认证。这样的企业越来越多，工信部的小巨人企业名录在不断更新。在AI、新能源、电动汽车等领域，中国已经领先世界。

数据显示，中国制造业增加值在全世界的占比从2010年的18%增加到2020年的30%。欧洲和日本的制造业正在衰落。很多人说印度要取代中国的地位，但印度制造业增加值在世界的占比只有百分之二点多，并且还在下降，印度的人均收入也只有中国的五分之一。事实上，整个世界的制造业在向以中国为中心的东亚地区集中。2010年，中国给iPhone贡献的增加值只有3.6%，现在是25%，替代了美国、德国和其他国家。

美国下载量名列前茅的APP中，我国的跨境电商SHEIN、抖音旗下的TikTok赫然在列，中国的技术革命就正在我们眼前发生，大就是强。

我国新能源汽车出现爆发式增长，2021年销量354.5万辆，占到世界的60%，是美国的6倍。2022年我们的销量是688.7万辆，几乎翻番，达到美国的8倍以上。

比亚迪已经是世界市值排名第三的汽车企业，蔚来是新兴的造车企业，优势明显。很多传统车企是"起得大早，赶个晚集"，而中国的竞争是换道超车，争的是AI互联网技术。蔚来这样的车企有很多互联网人才，带着互联网思维，更容易成功。

中国在AI和互联网技术行业的优势非常明显。我们有海量的数据、海量的应用场景，还有海量的人力资源。要想让AI变得更聪明，算法是一方面，更要靠数据。AI技术的应用范围非常广，比如中国在智慧城市方面的应用就已经是世界领先水平。

中国电动汽车行业重复日本汽车在1980年代走过的道路不再是神话。今年头两个月，我国出口汽车约48万辆，今年我们很有可能超越日本成为世界最大的汽车出口国。日本坐这把交椅已经四五十年，现在即将被中国取代，这是标志性事件。我国电动汽车在汽车总出口中的比例这几年不断上升，2022年已超过五分之一。在未来五到十年之内，我国电动汽车进军全世界将不是梦想。同时，我国汽车的品质也在提高，蔚来有一款车获得了德国的"金方向盘奖"，这是中国汽车行业史无前例的成就。即使在高端汽车领域，我们的消费和出口也在不断增加。

不应夸大老龄化的挑战

我想强调，不应夸大老龄化的挑战。2022年我国人口开始下降，对老龄化的讨论增多，但我相信我们有办法应对。

我国劳动力供给的确在下降，但这不是近一年两年的事，劳动人口最晚从2014年起就已经开始下降。但是，这个问题的关键点并不是劳动力不足，我们做过计算，未来30年AI和自动化替代的劳动力将超过老龄化减少的劳动力人数。所以，事实上我们更多担心的是就业问题。

教育也在升级迭代，中国的知识资本正变得更雄厚，在经济增长方面对劳动力的减少也有对冲效果。大学变得更加普及。

延迟退休也有助于应对老龄化。现在我国女性工人退休年龄是50岁，女性干部是55岁，而我国女性预期寿命是80岁。

需求方面，尽管日本的老龄化导致需求减少，但是中国和日本有一点很大的不同，中国是未富先老。这反而有利于保持和提升需求，因为只要收入增长，消费就会上升。而且，随着城市化的发展，从现在到2035年还会有1亿人进城，消费也自然会随之提高。

真正的挑战是养老和医疗保险。1962年至1976年"婴儿潮"期间出生的人口即将老去，出现"银发潮"。老年人的就医需求极大，对我国养老和医疗体制提出巨大挑战。

相应的对策包括实行弹性退休制度，以及划转国有企业股份到社保基金。我国社保基金现在不到3万亿，而国有企业的净资产是60万亿，应对1962—1976年出生的"银发潮"应该足够。

中国经济的潜在增长率

中国经济增长率有多少？我做过计算，资本积累带来的增长是3.75%，因为我们的储蓄率是45%。全要素生产率的贡献率占潜在增长率的20%~40%。由此可以折算出，中国的潜在增长速度在4.68%~6.25%之间，取中值为5.55%。

如果我们的技术进步速度不够快，实现2035目标的难度非常大，因为如果现在的潜在增长速度是4.7%，未来只会更低，所以技术进步非常重要。但是我前面提到，中国已经进入新一轮技术进步周期，所以我相信经济增速至少达到5.5%的平均数是完全可能的。以这样的增速，可以让我国在2030年前超越美国成为世界第一大经济体。

（本文根据作者2023年3月在"北大承泽－蔚来seeds讲堂"首场活动上的演讲整理）

第二篇章

新目标

如何读懂中国式现代化的逻辑与内涵

中国式现代化的理论逻辑与世界意义

林毅夫

2022年10月，习近平总书记在党的二十大上做了重要报告，提出了许多论断，规划了很多政策措施。我和各位一样，也在学习领会。党的二十大报告指出："当前，世界百年未有之大变局加速演进""来自外部的打压遏制随时可能升级""我们必须增强忧患意识，坚持底线思维，做到居安思危、未雨绸缪，准备经受风高浪急甚至惊涛骇浪的重大考验。"同时，习近平总书记在报告中提出："以中国式现代化全面推进中华民族伟大复兴，是我们党从现在开始的中心任务。从现在起，中国共产党的中心任务就是团结带领全国各族人民全面建设社会主义现代化强国，实现第二个百年奋斗目标，以中国式现代化全面推进中华民族伟大复兴。"

今天我想主要围绕三个问题分享我的心得与思考：

为什么会出现百年未有之大变局？该变局为什么会加速演进？我们应该如何驾驭大变局？

什么是中国式现代化？如何才能实现中国式现代化？

林毅夫系第十四届全国政协常委，北京大学国家发展研究院名誉院长，北京大学新结构经济学研究院院长，北京大学南南合作与发展学院名誉院长，世界银行前高级副行长兼首席经济学家。

以中国式现代化实现中华民族伟大复兴，其世界意义是什么？

如何理解百年未有之大变局

"百年未有之大变局"是习近平总书记在2018年6月的中央外事工作会议上提出的论断。为什么称为百年未有之大变局？我在《百年未有之大变局与新结构经济学》一文中已有讲述。在整个20世纪，八国集团的经济地位和政治地位如此稳固，为何在21世纪出现巨变？最主要的原因就是新兴市场经济体的崛起，尤其是中国的崛起。

2000年，中国的经济总量按照购买力平价计算占到全世界的6.9%，2018年上升至16.8%，提升9.9个百分点。前面谈到，八国集团的经济总量从47%下降为34.7%，下滑12.3个百分点。计算可知，这八国集团下滑的12.3个百分点中有80%是中国崛起的结果。

在这样的百年未有之大变局中，我们中国人当然高兴，因为随着收入水平提高，我们的生活水平在不断改善。

谁在此变局中的失落感最大？应当是美国。因为美国的经济总量在1875年左右超过英国，成为世界第一大经济体，在整个20世纪，美国一直是全世界最大、最有影响力的经济体。

再回想，第一次世界大战是同盟国和协约国之间利益摆不平。一战爆发时，美国虽是协约国，但位置远离欧洲大陆战场，所以起初没有参战，德国和奥匈帝国横扫欧洲大陆；后来美国参战，由于美国是世界最大的经济体，有能力以源源不断的物质投入战场，故而其成为打败德国和奥匈帝国的重要力量。

第二次世界大战是同样的情形。战争开始时，德国和意大利在欧洲横扫战场，把同盟国的军队一一打败，英国、法国等从敦刻尔克撤退，进入所谓"至暗时刻"。后来为什么同盟军能打回来？因为美国参战，源源不断地输送物资，从诺曼底登陆，打败了德国。在亚洲战场也是一样。起初日本狂妄宣称要"三个月亡华"，侵略了大半个中国及太平洋、南洋，但最终日本战败，原因之一也是日本在夏威夷把美国的军舰打掉了一大半，可是美国生产能力强，造军舰速度快，军舰很快得以补充。所以在中途岛战役时，尽管双方军舰损失数量一样多，可是美国有能力不断投入新的战舰，最终打赢日本。尤其是美国最后还向日本投下两颗原子弹，迫使日本无条件投降。

可以说，20世纪是美国的世纪，美国是整个20世纪国际政治经济格局的主导力量，是全世界的领头羊。

但是，中国改革开放以后实现了快速发展，从1978年到2020年，中国取得连续42年、平均每年9.2%的经济增长。如此高的增长速度，持续如此长时间，在人类历史上都不曾出现过，尤其是在规模这么大的国家。到2014年，按照购买力平价计算，中国的经济规模已经超过美国，这是1875年以后美国第一次遭遇的情形。由于经济是基础，随着中国国际经济地位的提升，中国在国际上的影响力越来越大。

这种情况下，美国的失落感越来越强烈，所以从奥巴马时代开始，美国提出"重返亚太"的战略。其实美国一直在亚洲，它所谓的"重返亚太"是什么？就是把它驻扎在地中海的第六舰队派来加强太平洋的第七舰队，想在中国周边形成军事包围圈。"项庄舞剑，意在沛公"，其目的非常明确。特朗普政府时期，以各种"莫须有"的罪名跟中国打贸易战、科技战，同样是想抑制中国的发展。

如今美国是拜登担任总统，他基本没有改变奥巴马时代和特朗普时代的政策，而且又组织了以意识形态为边界的所谓"守卫民主国家同盟"，诱使其他国家与中国脱钩，抑制中国的发展。随着中国的继续发展，这种状况可能会愈演愈烈。遏制中国的发展已经成为美国两党的共同政策。

举个例子，美国著名经济学家杰夫里·萨克斯，东欧剧变时"休克疗法"的提出者，他承认中国的渐进式双轨制改革优于他当时在苏联东欧倡导的休克疗法。现在他甚至在非洲国家推行中国的经验，帮助非洲国家的农村复兴，走的基本是中国的道路。他一直在网络上讲，美国遏制中国没道理，结果受到网络暴力，很多人群起而攻之，最后他一气之下关掉了自己的自媒体账户。

这反映了一个事实，美国现在没有人能讲公正的话。只要中国继续稳定，继续谋发展，这种情绪很可能会越来越激烈。我想，这是习近平总书记讲的"风高浪急""惊涛骇浪"背后的原因。

作为世界经济的"老大"和"老二"，中美之间关系的变化，不仅影响中国，也影响世界。从贸易来看，中国现在是世界上120多个国家的第一大贸易伙伴，是其他70多个国家的第二大贸易伙伴。经济学告诉我们，贸易是双赢的，而且，在两国贸易中，小国得利多于大国，因此中国的和平发展也会给世界其他国家的发展带来更大的市场和更多的机会。

总之，中美之间的矛盾会带来很多不确定性，不利于中国，也不利于世界上其他国家。

如何应对大变局

面对这样的问题和挑战，我们的出路在哪里？我想，中国的出路只有继续发展。

我个人的判断是，当中国的人均GDP达到美国的一半时，世界大概就会进入和平稳定的新格局。原因我在《百年未有之大变局与新结构经济学》一文中已有阐述。

中国的人口是美国四倍，当中国人均GDP达到美国人均GDP一半时，我们的经济总量就是美国的两倍，这是一个不可改变的事实。

中国内部有地区差距，当中国的人均GDP达到美国的一半，收入水平领先的北京、天津、上海以及东部沿海的山东、江苏、浙江、福建、广东，这三市五省的人均GDP大概会和美国处于同一水平，而其人口加起来有4亿多，比美国稍多一点，这代表这三市五省的经济总量会跟美国相当。更重要的是，人均GDP代表平均劳动生产率水平，也代表平均的产业和技术水平。如果这三市五省与美国的经济总量相当，并且产业技术水平也与美国相当，就意味着美国相对中国将不再拥有多少技术优势。今天美国为什么拥有可以卡中国脖子的霸权？因为它有技术优势。到那时，美国没有了多少技术优势，它再想卡中国的脖子将无能为力。

我前面讲到，贸易是双赢的，小经济体从贸易中得到的好处大于大经济体，所以，当中国的经济总量是美国两倍时，从中美贸易当中得到好处更多的就是美国。比如，美国那些大型高科技公司的研发投入非常多，而研发成功之后能获得多大的利润则取决于有多大的市场。中国是全世界最大的市场，规模是美国的两倍，如果这些美国公司失去中国市场，研发成功后，可能就从高盈利变成低盈利甚至不盈利。而且，高科技产业必须不断投入才能维持技术领先，如果这些公司低盈利或不盈利，就无法继续投入研发。不仅这些美国大公司不能没有中国市场，而且美国很多老百姓必须靠中国提供的价廉物美的产品来维持生活水平。届时，中国的经济总量比美国大是美国没有手段改变的事实，而且，维持和中国友好的关系符合美国自己的利益，美国应该就会心悦诚服接受中国的崛起。

我认为，百年未有之大变局的出现，在一定程度上源于中国的持续快速发展改变了世界原有的经济格局。面向未来，我们若要驾驭大变局，让世界进入新的稳定格局，同样有赖于中国的继续快速发展。发展是解决一切问题的基础和关键，对内是如此，对外也一样。

如何理解中国式现代化

接下来，我再谈谈中国式现代化。

什么是现代化？纵观人类历史，西方国家在14、15世纪有了"地理大发现"，从美洲大陆和世界其他地区掠夺了很多资源；到18世纪以后，西方出现工业革命，开始了资本主义的生产方式，从农业社会进入工业化社会；工业革命以后，科学技术日新月异，经济发展一日千里，而世界上还有很多国家没有进入工业化，所以就出现了现代社会的大分流，西方少数几个国家的经济总量占到世界的一半，主导整个世界格局，其他国家和地区大多成了西方列强的殖民地或半殖民地；第一次世界大战时，民族主义风起云涌；第二次世界大战以后，原来的殖民地半殖民地国家纷纷取得政治上的独立，开始追求自己国家的工业化和现代化。

在追求现代化的进程中，当时中国及其他发展中国家普遍存在一种"西天取经"的心态——认为西方国家那么强，一定有其道理，把那些道理学会，应用到自己的国家，就可以让自己国家实现工业化、现代化，赶上发达国家。这种心态在发展中国家的政府和知识界非常普遍，我小时候也这么认为。

但是，从前面所讲的百年未有之大变局可以发现，从1900年到2000年，八个最强大的工业化国家的经济总量只下降了3.4个百分点。一般而言，发达国家人口增长速度慢，发展中国家人口增长速度快。这意味着从人均量来看，经过这一百年的现代化进程，发展中国家与发达国家的差距实际上进一步拉大，而非缩小。同时也意味着发展中国家此前普遍认为的"西天取经"模式走不通，至少效果不佳。大家想通过学习西方模式的现代化、工业化，借鉴西方的社会组织、政治组织来解决发展中国家自身的问题，但事与愿违。

中国在改革开放以后快速发展，所以才能比较快地缩小跟发达国家的差距，才能在21世纪的头18年就将经济总量在全世界的占比提升了9.9个百分点，而且超过美国成为按照购买力平价计算的世界第一大经济体。

那么，中国为什么会成功？我们将来怎样才能继续成功？就此，党的二十大提出了"中国式现代化"的命题。

过去的普遍看法是，要实现现代化就必须用资本主义的生产方式，以及资本主义的多党制等治理方式，但是那样做基本不成功，即使有少数东亚经济体成功了，也基本不是照搬西方的道路。比如，它们在追赶阶段多是一党领导，日本是自民党、韩国是民主共和党、中国台湾是国民党、新加坡是人民行动党。在政治上，我们是中国共产党领导，维持政治稳定。

当然，中国式现代化与西方式现代化有其共性。根据历史学家的研究，人均GDP在18世纪以前很长的历史时期内增长极慢。著名经济史学家安格斯·麦迪森指出，18世纪之前西欧国家的人均GDP每年平均增长0.05%。这意味着要想人均GDP翻一番，需要经过1400年。进入18世纪以后，人均GDP的增长率突然增加20倍，从0.05%变成0.1%，这样一来，70年就能翻一番。19世纪末到现在，西欧发达国家人均GDP的增长又翻了一番，变成2%，35年就可以翻一番。这与18世纪以前相比是翻天覆地的变化，使西欧国家得以摆脱"马尔萨斯陷阱"。追求现代化，当然要走出"马尔萨斯陷阱"，而且人均收入水平要不断提高，物资要不断丰富，这是共性。

但是中国式现代化有自己的特殊性，不同于西方那些因工业革命而领先的国家。

第一个特殊性，中国式现代化是人口规模巨大的现代化。目前，全世界生活在高收入工业化国家中的人口合计只有12亿,占世界总人口的15.8%。中国有14亿人口,占世界人口的比重是18%。中国实现现代化成为高收入国家以后,就会使世界的高收入国家人口翻一番。西方发达国家从工业革命以后经过二百年,才使高收入国家人口占全世界的15.8%,而我们一个国家就会使高收入国家人口翻一番还多,这是在人口受益面上和西方式现代化的一个巨大差异。

第二个特殊性,中国式现代化是全体人民共同富裕的现代化。西方现代化虽然使平均收入水平提高,但是贫富差距在扩大。前几年有一本非常有名的书《21世纪资本论》,由法国经济学家皮凯蒂所著。根据他的研究,工业革命以后,西方国家的贫富差距不断在扩大。而中国要实现的现代化是共同富裕的现代化。

第三个特殊性,中国式现代化是物质文明和精神文明相协调的现代化。生活水平要提高,那么人的精神生活也应该不断丰富。物质富足、精神富有是社会主义现代化的根本要求。西方在现代化的过程中,平均物质水平提高了,但是精神贫困的问题造成很多社会矛盾、冲突和黑暗现象的出现。

第四个特殊性,中国式现代化是人与自然和谐共生的现代化。西方的现代化带来高度污染,二氧化碳过度排放导致全球气候变暖,造成海平面上升、南北极冰川融化、极端气候频繁出现等,这都是西方现代化的后果。而我们要确保生态文明,实现人与自然和谐共生的现代化。

第五个特殊性,中国式现代化是走和平发展道路的现代化。西方的现代化是从15世纪地理大发现开始,依靠殖民掠夺和暴力战争的方式,持续积累财富的"掠夺式"现代化。而中国的发展一直是以贸易等和平的方式,实现互利共赢、和平发展的现代化。而且,中国的发展不仅改善中国人民的生活,还给世界其他国家带去了发展机遇。

因此，和过去认为的只有西方式现代化一条道路不同，中国式现代化拥有基于国情的中国特色。

如何实现中国式现代化

那么，怎样才能够真正实现中国式现代化？

在中国式现代化的五个特征中，第一个特征是先天的、给定的，因为中国长期以来都是人口众多的国家，这不是我们的后天选择。其他四个特征则是在中国共产党领导下，经过我们道路选择而取得的结果。现在中国仍然存在收入分配差距，但是我们希望实现共同富裕。我们希望在物质水平提高的过程中，精神也不断丰富，实现物质文明跟精神文明的协调。大部分发展中国家是重复西方国家先污染后治理的道路，而我们是有意识地选择生态文明、绿色发展，人与自然和谐共生。和平发展也是我们的选择，我们不称霸，不侵占其他国家。

我们要思考，怎么样才能实现后四个特征所要达到的目标？

大家知道，我一直在倡导总结中国经验的新结构经济学。根据我提出的新结构经济学，要实现中国式现代化的后四个特征，关键点是在有效市场和有为政府的共同作用下，根据一个国家在每个发展阶段的要素禀赋结构所决定的比较优势来发展经济；在有效市场和有为政府的共同作用下，帮助企业家按照要素禀赋结构所决定的比较优势选择产业和技术。

如果能做到这些，我们就能够实现中国式现代化这几个特征。

首先，如果在经济发展的过程中是按照比较优势来发展，就可以在初次分配的时候实现效率和公平的统一。因为，按照比较优势发展，生产成本会最低，并且在有效市场和有为政府的共同作用之下，可以把比较优势转变为竞争优势，这就是效率。不仅如此，发展中国家在早期阶段一定是资本相对短缺，而劳动力或自然资源相对丰富，如果按照比较优势发展，就会发展劳动力比较密集的产业，并且用劳动力比较密集的技术来生产，就会创造最多的就业机会。但如果发展违反比较优势的资本密集型产业和采用资本密集型的技术，创造的就业机会就少。按照本国的比较优势来选择产业技术，劳动力多的时候就选劳动力密集型的产业，农业、工业都是如此，同时使用劳动力密集的技术，就会创造最多的就业机会。

这样做有什么好处呢？我们知道，在经济发展的过程中，穷人的特性是缺资本，依靠劳动力来获取收入，而富人则主要靠资本获取收入。如果能够创造最多的就业机会，就能让那些收入水平低的人有最大的就业机会，从而分享发展的果实。不仅如此，如果按照比较优势发展，也会最有效率，最有竞争力，这样经济发展会最快，资本也会积累最快。这样一来，劳动力就会从相对丰富变成相对短缺，资本就会从相对短缺变成相对丰富。在这个转变的过程中，劳动力的价格也就是工资会上涨得非常快。举个例子，20世纪80—90年代，在北京雇一名保姆一个月大概要花费几十、一百元，现在则需要五六千元，如果是住在家里的，甚至要上万元，大概你的工资一半要给保姆。因为现在劳动力短缺，所以工资上涨非常快，穷人的劳动力资产会变得越来越值钱。反过来讲，按照比较优势发展，资本积累速度会非常快，资本就会从相对短缺变成相对丰富。相对丰富之后，资本的相对回报率，尤其相对于劳动力的回报率就会下降得非常快。于是，穷人的劳动力资产越来越值钱，相对而言富人的资产则不断贬值，收入分配因此越来越完善，越来越均。

新结构经济学做了不少实证研究，发现按照比较优势发展的国家，收入分配比较平均。在我们国内也是这样，越是按照比较优势来发展产业的地区和省份，收入分配就越平均；越是违背比较优势来发展的地方，收入分配就越不平均。所以，如果按照比较优势，在初次分配的时候就可以实现公平和效率的统一。

同时，在收入二次分配方面，政府也会更有能力来解决地区、城乡和个人的收入分配问题。由于按照比较优势发展最有效率，经济发展会最快，政府的财政也会增加得最多。而且，按照比较优势发展，从新结构经济学的角度看，企业就有了自生能力，不需要靠政府的保护补贴就能生存，只要经营得好就能赚钱。当企业不需要政府的保护补贴，政府财政税收就能更多地去解决城乡差距、地区差距，而且能够投资于教育，提高劳动者的就业能力。不仅如此，在经济周期波动或产业升级的过程中可能会有临时失业者，政府也更有能力来帮助这些人。当然，政府也更有能力解决鳏寡孤独等弱势人群的福利照护问题。因此，也能够更好地用二次分配来进一步缩小收入差距。

此外，中国文化中一直就有"己立立人，己达达人"的思想。在这个过程当中，如果我们的税收各方面能够鼓励收入比较高的人做一些捐赠，就有助于更好地进行三次分配（慈善公益捐赠）。如果企业是违反比较优势发展，不具备自生能力，靠政府保护补贴才能生存，"泥菩萨过江自身难保"，它怎么有能力和信心去做企业捐赠呢？

综上，要实现共同富裕，前提是按照比较优势发展经济。

其次，按照比较优势发展经济，不仅能够最好地实现共同富裕，还有助于精神文明的发展。中国有一句话，"仓廪实而知礼节，衣食足而知荣辱"。人在收入水平很低时，为了活命，解决温饱排在第一位，礼节荣辱退居其次。因此，只要收入水平不断快速提高，人们变得富裕之后，对荣辱、礼节等精神文明的需求层次就能随之提高。

不仅中国文化如此，美国现代社会心理学中的马斯洛需求层次理论也是同理。所以，按照比较优势发展，能够让平均收入水平提高得最快，分配也最好，依此才能实现物质文明和精神文明的协调发展。

再次，按照比较优势发展，个人和家庭的收入水平增长最快，而且不只是少数人收入增长，是共同富裕。共同富裕之后，人对美好生活的需要不断提高，就会更多地关心环境问题，反对污染，对良好的生态环境就有更大的需求。政府需要满足人民不断增加的对美好生活的期望。这样，政府在法规、治理方面就会更注重生态环保。

从企业的角度看，如果按照比较优势发展，企业就具备自生能力，只要管理好，企业应该就能盈利，也就会有更高的意愿去采用绿色技术，去遵循环境法规，新结构经济学也在实证研究上证实了这一点。因此，要实现人与自然和谐共生，最好的方式还是按照比较优势来发展经济。

最后，按照比较优势发展，一定是和平的发展方式。什么是"按照比较优势发展"？我们要把有比较优势的产业发展好，变成竞争优势，那时，产品不仅在国内市场有竞争力，还在国际市场有竞争力，就要求充分利用国内国际两个市场。另外，对于不具备比较优势的产品，我们可以少生产，多进口。这样的发展方式最有效率。同时，我们的发展也会给其他国家带来市场。

依据比较优势充分利用国内国际两个市场两种资源的贸易来发展经济是互利双赢的，这样的发展当然是一条和平发展之路，而不是靠殖民掠夺别国的资源。

中国按照购买力平价计算已经是世界第一大经济体，应该很快也会成为按照市场汇率计算的世界第一大经济体。届时，几乎各国和中国贸易得到的好处都会大于中国自身从中得到的好处，这也奠定了和平发展的另一个基础。

总体而言，要实现中国式现代化，在中国共产党领导下维持政治稳定，发展经济，实现民族复兴的目标，我们要走的道路必须是在有效市场和有为政府的共同作用下，帮助企业家按照我们要素禀赋结构所决定的比较优势来发展。如果能做到，中国式现代化的五个特征就能够同时实现。第一个特征是先天给定的，后面四个特征在本质上是按照比较优势发展的结果。

如何看待中国未来的发展前景

按照比较优势发展，我们未来的发展前景如何？

对于中国未来的发展，大家都很关心，但是悲观或迷茫者众。这种情绪不是现在才有，改革开放四十多年来几乎每年都有。大家既关心国家发展，又忧心忡忡。

如我之前所言，如果中国人均GDP达到美国的一半，GDP总量就是其两倍，世界格局将进入一个新平衡，中华民族伟大复兴的目标也将实现。

但这一切能不能实现呢？关键是按照比较优势，我们能不能实现中高速发展，在21世纪中叶人均GDP达到美国的一半？我想从新结构经济学的角度来看这个问题。

发展的本质是收入水平不断提高，收入水平不断提高的前提是劳动生产率水平不断提高，现有的产业技术必须不断创新，每个劳动者在现有的产业里可以生产更多更好的产品。同时，产业不断升级，新的、附加值更高的产业不断涌现，从而可以把劳动力和各种资源从附加值比较低的产业转移到附加值比较高的产业。唯有依靠这两个途径，生产力水平才能够不断提高。

在技术创新和产业升级方面，中国作为处在追赶阶段的国家，和工业革命以后那些发达国家相比有一个"后来者优势"。那些发达国家在工业革命之后的收入水平和劳动生产率水平一直是世界上最高的，这意味着它们的产业和技术都处于世界最前沿。因此，它们想要有新的技术和产业就只能靠自己发明，因为无处引进。然而，自己发明需要非常大的投入，风险非常高。

从历史经验来看，那些发达国家在19世纪中叶以后到现在的人均GDP

的年均增长率为2%，中国改革开放以后四十多年人均GDP的年均增长率达8%，是发达国家的四倍。为什么能达到发达国家的四倍？最主要的原因是，我们处在追赶阶段，人均GDP和劳动生产率水平都比发达国家低，对于企业家而言，可以将引进消化吸收作为技术创新的来源，不需要自己从头发明，其成本和风险比自己发明低。产业升级也是同样的道理。发达国家的产业已经在世界最前沿，想要产业升级就必须自己发明。我们现有的产业附加值比它们低，只要进入附加值比现在高的产业，就能实现产业升级，相比自己从头发明的成本和风险更低，成长速度就会更快。

问题是，中国在1978年改革开放以后一直靠这种引进消化吸收的方式来推动经济高速增长，四十多年后的今天，这种方式还有多大的潜力？

针对此问题的争议颇多。有些人认为，东亚不少经济体当然也是靠后来者优势引进消化吸收，快速发展二三十年以后经济都大幅度减速，中国已经用了四十多年，经济是不是会减速更严重？

我个人的看法是，一国的技术或产业还能不能从发达国家引进消化吸收，作为其技术创新产业升级的来源，关键不在于后来者优势已经用过多少年，而是看与前沿的技术和产业的差距还有多大。

根据我可以看到的资料，2019年按照购买力平价计算，中国的人均GDP是美国的22.6%，约为四分之一。这相当于德国在1946年、日本在1956年、韩国在1985年跟美国人均GDP的差距水平，当时这三国都处于追赶阶段。利用跟美国的产业技术差距，即所谓的后来者优势，德国从1946年到1962年维持了16年平均每年9.4%的经济增长，日本从1956年到1972年维持了16年平均每年9.6%的增长，韩国从1985年到2001年维持了16年平均每年9%的增长。如果看人均量，德国从1946年到1962年，平均每年人口增长是0.8%，所以平均劳动生产率的增长是8.6%；日本在那16年间平均每年人口增长是1%，所以平均劳动生产率增长是8.6%；韩国16年间平均每年人口增长是0.9%，所以平均劳动生产率的增长是8.1%。

德国、日本、韩国处于中国和美国近似差距的阶段，利用后来者优势，平均劳动生产率的增长都在8%以上。这意味着中国应该也有这样的增长潜力。而且，中国和当时的德国、日本、韩国相比还有一个优势就是如今出现了新经济，包括大数据、人工智能、互联网等诸多新产业。

这些新产业有什么特性？

第一，它是新技术，我们跟发达国家站在同一条起跑线上。

第二，更重要的是，传统产业的研发主要靠大量资本投入，而且研发周期特别长，而人工智能、大数据这类新技术的研发周期短，需要的金融物质资本相对少，以人力资本为主。中国是14亿人口的大国，人力资本丰富，工程师多、人才多、天才也多。而且，中国按照购买力平价计算已经是全世界最大的市场，所以新经济的技术研发出来以后，马上可以进入大市场，实现规模经济，进而降低成本，提升综合竞争力。

第三，如果新经济需要硬件，中国有最齐全的产业配套。

因此，我们在新经济方面和除了美国之外的任何发达国家比都有竞争优势。这些年中国的"独角兽"企业数量一直在和美国争第一，这也是德国、日本、韩国处于同一发展水平阶段时所没有的优势。

当然，与德国、日本、韩国相比，我们也有不利之处，因为它们在追赶美国时没有受到美国如此严重的打压。美国现在对我们采取所有可用的手段，施加各种莫须有的罪名，在军事、科技、金融、意识形态等多方面打压我们。

如前所述，中国要继续创新，很重要的法宝之一是后来者优势。可是美国不把高科技卖给我们，想方设法"卡脖子"。但美国这样做也要付出代价，所谓"杀敌一千，自损八百"。比如，美国有优势的芯片等高科技产业，需要巨大的研发投入才能够取得技术突破，之后能获得多大的利润取决于有多大的市场。中国是世界上最大的市场，因此，如果那些高科技企业不把技术卖给我们，它们可能就从高盈利变成低盈利，甚至亏损。这些行业需要持续高水平的研发投入，如果没有高盈利支撑，研发投入跟不上，就很难再持续领先。

因此，美国为维持霸主地位，从政治利益角度想卡中国的脖子，美国自己的企业表面上不得不遵守美国的法令，但在执行时恐怕会心不甘情不愿。例如，华为是最早被"卡脖子"的，美国禁止高通向华为出售芯片。可是2021年年底，高通向美国国务院申请到了特别许可，继续给华为卖芯片。因为失去华为这个大客户，其损失太大，所以高通想方设法规避美国政府的禁令。

美国希望用所谓"意识形态同盟"要求所有发达国家都跟中国脱钩，美国的企业尽管不情愿，也很难完全违抗美国政府。可是，欧洲、日本企业如果跟中国脱钩，同样是"杀敌一千，自损八百"，它们的损失是自己的，只是为美国维持霸权作嫁衣裳，何苦损己利人？因此，其他国家不愿意和中国脱钩，所以阿斯麦尔才会拼命给中国卖光刻机，德国总理、法国总统等欧洲国家领导人才会积极访华。

"卡脖子"在所难免，但我们仔细分析以后就明白，真正能卡中国脖子的只会是美国独有的技术，对此，我们必须用新型举国体制来攻关克难。但其他方面，中国仍然可以利用比较优势来发展，充分利用国内国际两个市场、两种资源。如此，我们的市场会增长得最快，本来已经是世界规模最大的市场，就还会成为增长最快的市场。美国及其他国家会逐渐意识到，对中国的打压损人不利己。而且，如果我们能够用好新型举国体制，一旦突破了被"卡脖子"的技术，这一技术的价格会马上下降，从而其他国家的企业就会失去竞争力。

在这种状况之下，只要我们自己能够保持头脑清晰，充分利用比较优势，利用国内国际两个市场、两种资源，只要克服了美国独有技术的"卡脖子"难题，我相信，我国在2035年以前就能和追赶阶段的德国、日本、韩国一样，拥有年均8%的增长潜力。

当然，这个增长潜力是供给侧的技术可能性，实际增长还要看我们的实际努力，比如能不能用好后来者优势、高质量发展等。但我估计，有8%的潜力，维持6%的增长完全有可能。

接下来，从2036年到2049年第二个百年目标的实现期，用同样的方式来分析，中国应该还有每年6%的增长潜力（供给侧的技术可能性）。再加上要克服"卡脖子"等问题，我估计可以实现4%左右的增长。如果从2020年到2035年能够实现年均6%左右的增长，从2036年到2049年能实现年均4%左右的增长，中国到2049年人均GDP应该可以达到美国的一半，中华民族伟大复兴的目标和中国式现代化即可实现。

如何理解中国式现代化的世界意义

中国式现代化不只是中国自己的发展，中国的发展还有不同凡响的世界意义。

追赶上发达国家，是所有发展中国家的共同梦想。然而，根据前面百年未有之大变局的分析，在20世纪的一百年间，发展中国家跟发达国家的差距实际是扩大而不是缩小的。发展中国家在现代化进程当中，原来认为应该按照西方式的现代化道路发展，但大多都没有成功，仍然长期陷于低收入陷阱或是中等收入陷阱；而少数能赶上的就只有东亚几个经济体。

中国如果能够追赶上发达国家，将是人类经济史上一个伟大的里程碑。不仅如此，中国式现代化就能够给其他发展中国家的现代化道路提供一个新的选择方案。

我们多数人在读书和受教育的过程中，可能都容易把现代化等同于西方化，因为人类迄今为止的现代化就只有西方走出来的这一条路。西方现代化的这条道路当然有我们必须学习总结的经验，但不能轻易在两者之间画等号。历史事实显示，走西方化道路的发展中国家普遍没有取得现代化的成功。

如果中国走向现代化的努力成功了，意味着什么？意味着人类关于现代化的理论值得反思或更新。

迄今为止，人类关于"现代化道路"的理论和实践都来自西方，现代化是对西方发达国家经验的总结。理论是什么？理论就是从错综复杂的社会经济现象当中抽象出一个它认为的决定因素，比如，资本主义的生产方式、共和宪政等，进而形成理论。在理论模型里，某个变量会是最关键的变量，没有这个变量的发展就不会成功。

然而，任何一个国家和社会，其社会经济变量都成千上万，非关键变量不保留在理论模型里，并不代表它不存在。所以，任何理论的构建其实是两个过程，一个是提出这个理论的学者把他认为根本性的解释变量"抽象"出来，一个是把他认为不重要的、没有直接或重大影响的变量给予"舍象"。总体而言，这是一个抽象和舍象的过程。

舍象是一个哲学语言，不是舍弃，是存而不论。这些存而不论的变量本质上是理论暗含的前提。如果被舍象的变量从量变上升到质变，从没有影响变成有关键性影响，原来的理论就会失掉解释力。理论是认识世界、改造世界的工具。一个理论如果不能够解释我们观察到的社会经济现象，或者按照这个理论去做不能够实现理论所预期的结果，这一理论就会过时。我们读经济学或读思想史，会发现新的、盛行一时的理论总是在变化。原因就在于社会经济变量一直在变。

今天流行的现代化理论源于对西方发达国家现代化的经验总结，内嵌于产生这个理论的国家当时的社会经济条件。关键是，产生这些理论的国家当时的社会经济条件，跟发展中国家一样吗？肯定不一样。因此，简单地把这些发达国家的理论照搬到发展中国家，难免会出现所谓"淮南为橘，淮北为枳"的问题，说起来头头是道，实践应用中却不成功。

发展中国家的现代化，包括我们中国自己的现代化，应该根据我们自己的现实条件来总结成功与失败背后的道理，提出新的理论。这样的理论才对我们认识世界、改造世界有更好的参考价值。这也是我这些年提出新结构经济学的最主要目的。

二战以后，发展中国家纷纷摆脱殖民统治，开始追求自己国家的现代化，目标是收入水平、生活水平能赶上发达国家。普遍的想法是，发展中国家生活水平低是因为生产力水平低，而生产力水平低是因为没有发达国家那些先进的产业。因此，二战以后盛行的发展经济学理论认为，发展中国家之所以落后是因为没有发达国家现代化的先进制造业。所以当时就以发达国家为参照系，提出进口替代战略，采取政府主导的配置资源，去模仿发达国家发展先进制造业。理论很清晰，也很有说服力，但事实是，按照那样的理论去做的发展中国家基本都不成功。而少数成功的经济体所走的道路正好相反，都是从传统落后的劳动密集型加工业开始。

到20世纪80—90年代中国改革开放时，西方盛行的理论是新自由主义。发展中国家为什么在二战以后历经几十年还是发展不好？新自由主义认为只有先进的制造业还不行，更关键的可能是没有实行发达国家完善的市场制度，政府干预过多，造成资源错误配置，寻租腐败。这种理论用来解释发展中国家为什么没有效率，当时也很有说服力。

但是，按照新自由主义的市场化、私有化、自由化去建立现代市场制度的发展中国家基本上都经济崩溃或停滞，而且危机不断。有极少数的国家另辟蹊径，如中国、越南、柬埔寨，在转型过程中没有按照新自由主义的华盛顿共识，采用的是"老人老办法，新人新办法"的渐进双轨制转型，这在当时被公认为最糟糕的制度安排。可是现在，能维持稳定和快速发展的转型中国家就是中国、越南、柬埔寨。

为什么按照主流理论，以发达国家为参照系来制定政策都不成功？我认为，正是因为那些理论脱离了发展中国家的现实条件。比如，为什么发展中国家发展不起来先进制造业？因为先进制造业的资本很密集，而发展中国家资本短缺，先进制造业违反了发展中国家的比较优势，没有自生能力。

为什么20世纪80—90年代新自由主义理论也不成功？因为发展中国家有很多扭曲，而那些扭曲的存在都有内生原因。已经建立起来的很多资本密集型制造业，或与国防安全有关，或与经济基本运行有关，如果全部按照新自由主义的建言，把保护补贴一下子都取消掉，这些产业没有自生能力，必然崩溃，使经济基本运行出现问题，甚至危及国防安全。

不仅如此，即便是市场经济，一国从农业、劳动力密集型加工业，沿着技术创新和产业升级一步一步往上走的过程中，也需要政府有为，市场无法解决全部的问题。人力资本谁提供？基础设施谁提供？市场经常失灵或存在失灵之处，谁来解决？所以，并不是只要相信新自由主义，让政府无为，完全让市场决定价格就可以解决一切问题。

西方主流经济学基本上是看发达国家有什么，对比来看发展中国家缺什么，或是看发达国家什么东西做得好，对比来看发展中国家什么东西做不好，然后就建议发展中国家去拥有发达国家拥有的，或是按照发达国家做得好的去做。西方主流经济学的出发点很好，但违背了马克思主义所讲的经济基础与上层建筑关系的客观规律。

发达国家所拥有的那些不是天上凭空掉下来的，而是建立在其拥有的物质基础之上的。一方面，它们在地理大发现之后从海外殖民地掠夺到大量的资源；另一方面，通过工业革命以来的长期发展，积累了大量的资本，才建立起大量的资本密集型产业。发展中国家资本普遍短缺，所以和发达国家的前提条件、经济基础都不一样，经济运行方式和上层建筑也应该因地制宜，否则很容易"东施效颦"。

新结构经济学和西方主流经济学最大的差异是看自己有什么，即自身的要素禀赋；自己什么东西能做得好，即自身的比较优势。然后根据现有的要素禀赋所决定的比较优势，在有效市场和有为政府的共同作用下，把自己能做好的事情做大做强。如果能如此，绝大多数发展中国家都有条件、有可能实现如中国改革开放以后几十年的快速发展，最后赶上发达国家，实现自己的现代化，这也是中国式现代化最大的世界意义所在。

（本文为作者2023年3月在中国农业大学"中国乡村大讲堂"的上的演讲）

中国式现代化与中国经济新征程

姚洋

为什么叫中国式现代化

要理解中国式现代化,首先要理解为什么是中国式现代化,而不是中国特色现代化。

可以对比的是20世纪80年代初,我们有一个中国特色社会主义的提法。这一提法的背景是当时存在一个正统的社会主义,即苏联式的社会主义。我们要搞农村改革、城市改革,与苏联模式不同,所以称之为中国特色社会主义。到1987年,我们定位于社会主义初级阶段,以便推进改革。

但这次不太一样,我们没有称之为中国特色现代化,而是称之为中国式现代化。意味着什么呢?意味着现代化没有可以清晰对比的正统模式,中国的现代化道路本身就是一个模式,说明我们的道路自信和理论自信又往前走一步。

中国式现代化不仅仅是一条历史道路,而且是一种新理论。当然,这个理论是不是完备还可以再讨论,也许还有不少值得完善之处,但这个提法本身已经是一个很好的引子,值得我们进一步讨论和研究。

姚洋系北京大学博雅特聘教授,北京大学国家发展研究院原院长、中国经济研究中心主任。

中国现代化的源起与早期进程

既然称之为中国式现代化,我们就要回溯中国现代化的发展历程。

第一阶段我定义为1860年到1978年。我把这个时间拉得很长,这100多年在历史上被称为西风东渐,甚至还可以再往前推一点,有不少人把1840年称为中国现代化的起点,也就是第一次鸦片战争。尽管第一次鸦片战争使我们割让香港,但国民并没有惊醒,直到第二次鸦片战争之后火烧圆明园,精英阶层才猛醒,开启了100多年的西风东渐历程。

第二阶段是1978年到2017年,是思想解放、改革开放的40年。

从2017年开始,我们又进入新时代。

回顾历史是有好处的,我们就会追问一个问题:为什么叫西学东渐,或西风东渐?这背后是文明的冲突与融合。

关于文明的冲突与融合,我们可以把时间再往前拉到过去的两千年,基本上以北宋为节点,前后打一个对折。北宋于公元960年建立,刚好在中间。北宋之前的一千年,中国不断上升,在全世界领跑;北宋以来的这一千年,中国出现停滞,甚至倒退。

外来文化冲击在北宋之前就已经存在,主要是佛教的引入。对于佛教,中国花了将近一千年的时间,直到南宋朱熹时,中华文明才把佛教相对和谐地吸纳进来,最后能留在中国本土的佛教主要是禅宗。禅宗与中华文明中的老庄哲学很像,这很有意思,到了今天,我们已经忘记了佛教是外来之物,与我们的传统文化已经融为一体。

我们今天还处在西方文化冲击的过程之中,中国文化还未能把西方文化完全吸收掉。

第二次鸦片战争之后,知识精英才真正觉醒。但他们的认知是中国文化没有太大问题,制度也没有太大问题,只不过是技术不如人家。因为第一次鸦片战争中，英国只派了一艘军舰就把我们打得落花流水。第二次鸦片战争，英法联军竟然打进北京，而且火烧圆明园。

我们怎么办？精英和朝廷共同的选择是师夷长技以制夷，从此开始了长达30年的洋务运动。到甲午海战之前，洋务运动的成就很大，中国建立起了亚洲最大规模的海军。但在日本人面前，这支海军不堪一击。事实上，中国海军舰队比日本舰队强大，清廷在朝鲜的驻军比日本侵略军要强大很多。但第二年，整个北洋水师在山东威海刘公岛被全部炸沉，宣告了中国洋务运动的破产。

精英们开始研究日本为什么能突然强大起来，发现是因为明治维新，即制度的革新，于是中国也想改变制度，就有了1898年的戊戌变法。但戊戌变法只经过100天就宣告失败，诸多变法举措之中唯一保留的产物就是京师大学堂，也就是今天的北京大学的前身。

旧的制度反对变法，我们就要推翻这种制度。于是仁人志士们不断成立政党，联合军事力量闹革命。最终在1911年，孙中山领导的辛亥革命成功，推翻了满清政府，建立了亚洲第一个共和国。

从理论上说，中国应该由此进入稳定、繁荣的时代，但事实上并没有。中国接下来不仅出现了袁世凯的复辟，还有接连不断的军阀混战。这让大家又意识到中国仅仅改变制度还不够，底层的文化和思想还需要改变，同时还要探索一条更稳定的新发展道路。

在这个时间段，欧洲发生了第一次世界大战，整个欧洲的意志非常消沉，欧洲的知识分子认为西方文明已经走到尽头。中国也感觉自己的文化走到尽头，要深挖文化的根子，于是掀起了新文化运动和五四运动。新文化运动的核心就是否定旧文化，甚至还提出了非常激进的口号——"打倒孔家店"。

在探索新出路的过程中，俄国在西方资本主义文明的边缘地带爆发了一场革命，好像一下子就把一个落后的国家变得欣欣向荣。俄国十月革命让西方知识分子和中国的知识分子都看到了希望，好像西方文化有救了，东方的中国也看到了一条新路。

中国比较活跃的学者代表李大钊、陈独秀等都认为十月革命和马克思主义为中国带来了一条新路，中国可以借助这一激进的思想彻底得到改造。

在这个背景下，中国共产党诞生。因此，中国共产党的诞生本身是西方文明对中国冲击的产物。中国共产党最后之所以大获成功，我认为一个非常重要的原因是它不仅适应了当时中国的状况，也就是百年未有之大变局，而且不断地革新自己。

中国共产党从创立之日起就自觉地成为推动中国历史进步的政党，带领中国一步步继续向现代化的方向前进。

我们因为距离充满革命的20世纪太近，所以很多人不容易以历史的时空观来评估此事，但欧洲社会几乎没有一个国家没有发生过大革命，英国革命、法国革命、俄国革命、西班牙革命，都是长时间的革命。英国革命持续至少半个世纪。法国和俄国大革命前后动荡时间更长。

要从古代社会跨入现代社会，难度很大，因为中国古代社会历史很长，而且相对稳定。古代社会同现代社会之间的生活方式反差又太大。因此，要打破旧的结构和思维方式很难，旧势力不会乖乖举手投降，一定会抵抗，最后只能通过一场接一场的运营，甚至革命。

1949年，中国共产党全面执掌政权之后，要践行自己的革命思想。因此，我们理解社会主义革命也一定要把它放在中国现代化的历程里。

新中国第一阶段的现代化进程

革命不是请客吃饭，而是要把旧势力请出历史舞台，书写新的历史。

新中国成立以后，中国出现了很多革命性变化，我个人观察主要表现为如下几点。

第一，打破旧有的等级社会结构。历史学家黄仁宇原来当过国民党的军官，后来才成为历史学家。他知道国民党想干什么。他的描述是国民党总想着自上而下，但中国共产党的想法和做法都是自下而上，从底层把整个社会翻个底朝天，推动土改，拉平整个社会，不再存在资本家、官员，变成人人平等。比如女性的解放就很典型。北大国发院的张丹丹老师做过很有意思的试验，她把1958年在北京出生的妇女和在台北出生的妇女做比较，再比较1976年出生的北京女性和同年出生的台北女性，同时也找同一时期的男性进行对比。结果她发现1958年出生的北京女性竞争意识最强，超过男性。这是由于那个时代提倡妇女解放，妇女能顶半边天，尽人皆知。

第二，推进国民认同。我们很多人喜欢说中华文化是一种集体主义的文化。有一个来自日本的留学生在北大学习社会学，他觉得中国人不那么集体主义，反而特别个人主义。我们对他的观点很吃惊。他说，日本人踢足球，大家都互相传球，中国人踢足球都喜欢带球，直到射门，不怎么传球。一百多年前，孙中山就曾说过，中国人有点像一盘散沙。怎么建立国家认同？中国共产党从政治层面入手，以一种强力来推进，深入社会的每一个角落，把我们拉入了一个基于普遍国家认同的现代社会。

第三，举全国之力推进工业化。这一点非常重要，我自己深有体会。我在西安工作过两年，单位是我父母和岳父母工作一辈子的工厂，建于1956年，是苏联援助的156个项目之一。这个工厂就是一个小而全的社会，生老病死都管，接生我的医生后来还接生了我的儿子。今天这家公司仍在，只是总部搬到了上海，已经成为输变电设备领域非常重要的战略性国企。中国今天的工业化成就离不开我们在改革开放之前奠定的基础，包括技术人员、工人队伍等，非常重要。

第四，提高人类发展水平。阿玛蒂亚·森是印度裔的著名经济学家，如今在哈佛大学教书，曾获得诺贝尔经济学奖。他提倡的人类发展指数由三个指标构成：人均收入、预期寿命、教育水平。中国的医疗和教育在新中国成立的初期做得比很多发展中国家都好。在阿玛蒂亚·森看来，为什么中国改革开放以后比印度发展得好得多，其中一个原因就是中国准备得好。比如，1978年，中国比印度还要穷1/4，中国人均GDP超过印度是在1992年。如今，中国的人均GDP已经是印度的5倍。1978年，中国虽然比印度穷，但中国的成人识字率是65%左右，印度只有40%左右。中国的预期寿命当时也已经达到67岁，印度不到60岁。婴儿死亡率中国降到54‰，印度这一指数是中国的两倍。印度也曾优先发展重工业，但没有成功，直到现在，印度工业产值在GDP中的占比仅20%多，中国曾经超过40%，现在下降是因为已经进入后工业化阶段，是发展阶段升级造成的自然下降。

新中国第一阶段的30年也曾引进西方的东西。1977—1979年，中国搞过一段"洋跃进"，现在我们知道的燕山石化、齐鲁石化、宝钢都是在这一阶段引进了发达国家的机器设备。

有人说中国1979年之后才改革开放，这没有错，但这是全面的、根本性的生产力解放。在1978年之前，如果从党的角度来看已经推进了思想解放，这是生产力解放的前提和铺垫。

新中国第二阶段的现代化进程

1978年党的十一届三中全会是中国改革开放的标志性事件，也是新一阶段现代化的起点。在我个人看来，1978—2017年这一段时间可以总结为邓小平的"把中国共产党回归中国"。

邓小平曾经表示，他是中国人民的儿子。这话颇有深意。邓小平喜欢用常识思考，这一点非常重要。常识告诉他，贫穷不是社会主义。

我觉得未来的历史学家如果写邓小平，其中一个丰功伟绩就是让中国共产党在更高的层次上回归了中国。

在我看来，邓小平带领中国共产党和整个中国做了下面这些重要转变。

第一，放弃激进主义路线，放弃阶级斗争，因为党的目标已经不再是通过革命再建立一个新中国，而是带领全国人民实现中华民族的伟大复兴。中华民族伟大复兴这一提法始于20世纪80年代初。这一提法告诉所有人，中国的重点不再是阶级斗争，而是全国人民团结一致走向现代化的繁荣富强。

第二，回归中国的务实主义。中国人特别务实，活在当下，具体有几个表现。首先是中国人不喜欢讲永恒的真理，而是认为实践出真知，这已经是中国人的谚语。实践是检验真理的唯一标准，意味着你得不断去实践，不断去发现真理，然后证伪真理，再发现新的真理。其次是结果导向。中国人注重结果，比如在硅谷，中国人比较高的职务是总工程师，印度人更多的是经理人。工程就是看得见摸得着的工作，是务实主义的体现。在务实主义的原则下，我们很多改革才能推进，一点点突破和变化，否则面对形而上的制度，很难突破看不见的各种约束。

第三，回归贤能主义。中国人在骨子里特别相信贤与能，一个人好坏，能不能干非常重要。比如共同富裕就是要提高老百姓的收入能力，而不是直接发钱。中国政府非常排斥给老百姓发钱，觉得这样容易养懒人。不仅在大陆，在海外也一样。贤能主义最突出的体现是党的干部选拔制度。我和一起做研究的同事搜集了1994—2017年所有官员的数据，谁跟随谁工作过，后来怎么调动、升迁，我们研究梳理后发现，任期内所在城市的经济表现好，升迁概率就大。

第四，回归市场经济。中国人习惯于认为市场经济是西方独有的东西。邓小平早就提出，市场经济不是资本主义的特权，社会主义也可以搞市场经济。我还想加上一句，市场经济根本就不是西方创造的，市场经济是中国人创造的。读一下北宋的历史就会发现，现在我们没有一家饭店能赶上北宋的水准。中国在宋朝时还发明了纸币，是世界上第一个发明纸币的国家，而且运转得很好。我们还发明了可以买卖的有价证券，就是金融创造，等等。因为疫情期间的居家时间多一点，我读了十几本关于北宋的书。如果让我选一个历史上的朝代生活，我首选北宋。

新时代的现代化要点

在进入新时代的现代化分析之前，我先介绍一本书，是两位美国学者威廉·斯特劳斯（William Strauss）和尼尔·豪（Neil Howe）在20世纪90年代中期写的。这是一本奇书，名字是《第四次转折——世纪末的美国预言》。这本书上说美国有一个80年的大周期，从18世纪70年代的独立战争开始到19世纪60年代的南北战争内战，再到20世纪30—40年代的第二次世界大战，再到如今，美国基本上80年一个轮回。在这80年里，每20年又是一个小周期。

从二战到肯尼迪遇刺，是美国最近80年大周期的第一个小周期，美国欣欣向荣，每个人信奉的理念都差不多。美国从20世纪60年代进入思想解放的20年。里根之后20年是展开时代，也就是威廉和尼尔这本书的写作年代，他们预期到2005年，美国要进入最后一个20年，即危机时代，几乎预言了2008年金融危机。书中还推测说，从2005年到2025年的20年，美国这个小周期将以什么方式结束？要么是内战，要么是跟外敌打一仗，然后再创造一个新历史。

这本书把我关于历史线性进步，尤其是直线式进步的观念彻底打破，历史会循环，包括大循环和小循环。后来我想，这一理论用到中国也适合。

中国共产党的几代领导人也可以分为开创、生长、展开（繁荣）、再生的一代。毛泽东代表开创的一代，邓小平代表快速生长的一代，江泽民和胡锦涛代表展开的一代，中国经济在全球上升到第二位，而且遥遥领先第三、四、五名。2017年开始，中国进入大周期的最后一个小周期：再生的一代，即新时代。

新时代要干什么？如果按照美国这两位作者的理论，新时代对应的是两件大事。

第一，纠偏。中国在上一个发展阶段中思想解放、改革开放的成就很大，不可否认。但也产生很多问题，比如腐败问题。腐败在某些地方几乎成为一种文化，党的十八大以来的反腐十分深入，但仍然有人敢腐，这很奇怪，所以要以一种运动的形式来反腐，让他们不敢腐，建立一种新文化。

第二，党组织的生命力长青。党组织的生命力衰退，甚至涣散，容易导致政治和经济不该有的联盟，对经济的长期可持续和高质量发展不利，因为政商合流容易导致公权力的商业化，甚至利益集团绑架政府，形成不该有的市场壁垒，影响公平竞争和市场活力，最终使中国的国际竞争力下降。我在研究发展经济学的过程中，实地调研过很多发展中国家，也读了很多发展中国家的历史。我发现那些不发达的发展中国家，最大的问题就在于知识精英、商业精英和政治之间形成了牢不可破的利益联盟，无法让整个社会形成良性的竞争。

还有一个要解决的问题是不平等。我们国发院有一个调研团队每两年做一个全国性调查，发现中国的基尼系数最高峰是0.52，什么概念？这是撒哈拉以南的非洲国家和南美国家的水平。众所周知，那些地方贫富差距巨大。我们最穷的10%人口只拥有0.5%的收入，资产为负，靠借钱生活，最富的10%人口拥有70%的资产、40%的收入，这就是巨大的贫富差距。所以要纠偏。

第二篇章　新目标
如何读懂中国式现代化的逻辑与内涵？

经过多年的纠偏，党组织涣散的问题也得到了改善。不平等问题还没有完全解决，需要进一步努力。

面向未来，要实现中国式现代化，还有几个重要的内容需要进一步建构。

第一，要加强党的权威性，包括党的组织权威性、党的理论权威性、党在群众心中的权威性。这依然有很大的空间，需要很长一段时间。

第二，更新理论。我们不能再搞阶级斗争，党的理论要全面走出阶级斗争阶段。比如说，政治经济学不能再基于劳动价值论，认为只有劳动创造价值。劳动创造价值意味着只有工人创造价值，资本不创造价值。在现实中，工人往往只拿一部分收入，工人工资之外的收入都被归为剩余价值，也就是剥削。有剥削就有阶级对立和阶级斗争。基于此理论，中国共产党仍然是一个工人阶级政党，只能是工人阶级的先锋队，就不容易代表全国人民。如果工人阶级先锋队这一点不更新，下一步的问题就是：中国共产党领导的国家还是不是存在阶级属性？因此，只要你基于劳动价值论，后面的推理就很麻烦，因此这一关键理论需要更新。为此，我们要认真重读《资本论》。我们以前把《资本论》当作一本实证的著作来读，但它开篇定调的劳动价值论本质上是一条假设，不是事实观察。所以《资本论》是一部典型的哲学著作，而不是典型的政治经济学著作。我们如果有了这个认识，就可以在观察的基础上更新理论。马克思主义和《资本论》的底层逻辑就是从劳动价值论出发，认为存在阶级和剥削，从而很好地论证了无产阶级革命的正当性和必要性。但如果劳动价值论只是一个假设，尤其是如果这个假设不牢靠甚至有错，怎么办？所以我们一定要在理论上与时俱进。对于今天存在很多讨论的共同富裕，关键点一定是投资老百姓的收入能力，而不是既有财富的重新分配，否则，共同富裕的内涵就与老百姓内在的价值观不同，就意味着有些人可以不劳而获。因此，党的二十大报告里有一句话，"把马克思主义思想精髓同中华优秀传统文化精华贯通起来、同人民群众日用而不觉的共同价值观念融通起来，不断赋予科学理论鲜明的中国特色"。把富人的钱直接分给穷人和老百姓日用而不觉的价值观当然不符。

第三，最后一个是要建构中国自己的创新体系，也就是新型举国体制。为什么要这么做？首先是外部环境变化所致，这是非常重要的方面。其次是因为面向未来，世界格局充满了不确定性，台海也存在变数。万一出现极端情况，中国被全面封锁，没有自己的创新体系，产业链不能实现自我循环就容易极其被动。

总结起来，中国式现代化已经走过了从"站起来"到"强起来"长长的路程。如今，我们要向第二个百年目标进军，过程中难免遇到新的变数和挑战，因此全面理解中国现代化的历程，尤其是正确理解中国式现代化的内涵十分重要。希望今天的分享对于大家未来的工作有一点参考价值。

（本文为作者2022年11月在北京大学国家发展研究院EMBA论坛第73期上的演讲）

解读中国式现代化

刘守英

二十大报告中的关键词

党的二十大报告里有几个关键词，大家要非常注意。

第一个关键词是关于党的中心任务。党的中心任务里，非常明确地提出了第二个百年奋斗目标，要建成社会主义现代化强国。

在第一个百年，党已经实现了全面建成小康社会的目标。我们知道，目前所有国家的现代化进程可以分为两个阶段。第一个阶段是摆脱贫困陷阱，任何一个国家从乡土社会到现代社会最重要的就是摆脱所谓的贫困陷阱，即核心是怎样从农业社会进入工业社会，进入现代增长。

中国共产党的第一个百年，做了人类最伟大的一件事，就是带领一个人口规模巨大、区域差异极大，且乡土黏度极强的国家，从农业社会进入现代社会。

第二个百年奋斗目标，就是要建成现代化的国家。而人类史上迄今为止，真正建成现代化的国家只有十几个。现代化的国家包含什么呢？经济的发展

刘守英系中国人民大学经济学院原院长、经济学教授。

水平要达到强国的水平、富裕国家的水平；其他的指标，如法治、文明、政治制度、社会现代化、经济现代化这一系列都要达到现代化国家的水平。

我们难在哪儿呢？难在用社会主义制度来建现代化的强国。二战以后，人类在谋求现代化的路径上产生了重大的分野。一种是后发国家模仿先发国家实现现代化，即用资本主义制度来实现现代化，这些国家现在很少有取得成功的，能够数得上的就是东亚几个经济体，包括日本、韩国及中国台湾。另外一种是以苏联为代表，用社会主义制度来跨过所谓的"卡夫丁峡谷"，在一个完全没有资本主义制度基础的国家，通过社会主义制度来实现现代化。但这条路最后的结果是苏联的解体和东欧的转轨。现在我们就是最大的希望，所以建成社会主义现代化强国是一个征程，因为建设现代化强国本身就很难，用社会主义制度来建现代化强国，这是我们第二个百年奋斗的目标。

第二个关键词就是被全球热议的"中国式现代化"。中国式现代化本身不是一个新词，因为邓小平同志在20世纪80年代就已经提出中国式现代化了。

首先，党的二十大报告提出的中国式现代化的含义是什么呢？其实它是一条道路，全面建成社会主义现代化强国是第二个百年奋斗目标，而中国式现代化就是方式。

其次，现代化国家建设分为两个阶段，第一阶段是到2035年基本实现社会主义现代化，第二阶段是到2050年建成社会主义现代化强国。这个表述跟中央以往的文件相比，是把基本实现社会主义现代化的时间，从原来的2050年提前到了2035年。

最后，中国式现代化非常明确地强调什么呢？第一个就是中国共产党领导。走向现代化，是民族国家的开始，民族国家最重要的特征就是政党体制。政党在领导民族国家现代化的过程中，扮演非常重要的角色。虽然任何一个国家在现代化的过程中都有政党体制，但我们的差别是政党体制本身的独特性。第二个就是我们的现代化是社会主义的现代化。它有各国现代化的共同特征，更有基于自己国情的中国特色。所以很多人在解读时，只讲特色，不讲共同特征，是有问题的。

理解现代化

讲中国式现代化，首先要理解现代化，才能理解中央文件讲的我们具有各国现代化的共同特征。我把现代化归结为五个基本面。

一是现代化是人类历史上最剧烈、最深远、最彻底的一场社会变革。在现代之前，人类长期处于稳态的农业社会，面临的主要是人和自然之间的关系，社会变化的基本力量相对稳定。但从现代开始，社会变革的基本力量发生变化，技术的进步、制度的变革带来社会的剧烈变革。

二是现代化是一场人类全方位的革命性转型。和现代之前的社会变化相比，现代化不是某一方面的变化，它有政治上的转型，也有经济的、社会的和心理的转型，这种转型不是渐进的变化，而是革命性的变化，是从一种形态转型到另一种形态。

三是现代化是人类文明的一场转换，是从农业文明向工业文明的转换。

四是现代化是一个世界性的现象。它从西欧开始，蔓延到北美，再往拉美，再往非洲，再往亚洲地区，世界都离不开现代化。

五是现代化在各国各地区显示出巨大的差异性。人类现代化走到现在，没有归一的模式和道路。

现代化的共同特征

世界的现代化有哪些共同特征？

第一个共同特征是发展的变革。现代化是因为有了科学和技术进步，从而推动了结构的变革和发展的转型。人类社会的现代化进程，就是技术进步不断推动产业革命的过程。

同一时期，中国的江南甚至比英国更早处于工业化状态，为什么江南没有发生工业革命？因为技术变革是以动力为核心的。英国有煤，而江南的产品生产基本靠在乡村社会的要素更密集地使用完成，难以产生巨大的、以动力为核心的技术变革。虽然工业化可以发生在没有动力的地方，但是它没法产生技术变革推动的产业革命。当英国进入工业化社会后，本国的市场难以承受突然产生的大量供给，就出现了外溢，英国的专家、工业技术和资本潮水般涌向西欧和美国，把西欧和美国一起带到了现代化的浪潮中。

第二次工业革命也是由技术进步推动的，将世界从蒸汽时代带入电气时代。20世纪下半叶开启的第三次工业革命，又将人类文明推进到信息时代、数字时代。

所以，一个社会只要技术进步被停滞，这个社会的产业革命就停滞，这个国家的现代化就会停滞。若干次的产业革命，推动了经济结构、技术结构、产业结构不断升级，带来社会经济的复杂化和高度化。

经济的复杂化是非常重要的一件事。一个国家的产业升级、经济升级和技术升级，最主要的表现就是经济复杂化。传统社会没有分工，经济极其简单。而现代社会一个极为重要的标志就是经济的复杂化。美国麻省理工学院和哈佛大学的两拨经济学家组成的一个实验室叫经济复杂度实验室，他们把全球出口的产品放到一个筐子里，发现全球的产品就像一座森林，富国的产品都在这个森林的中间，而穷国的产品都在边上。越往中间聚集的产品，复杂度越高，国家越富，而产品越简单的国家越在两边，复杂度越低。其实，产品复杂和简单的差异背后，在于知识的差异。知识越密集，产品复杂度越高，比较优势产品就越多，国家的经济竞争力就越高。

中国改革开放以来最重大的进步就是中国产品复杂度的提高。我们最初出口的产品是农产品，接下来是家具、布匹，20世纪90年代以后，就是电器、日用品，到现在是机械等更高级的电子产品。经济复杂度提高的背后，是知识含量的提高，比较优势产品的增加。中国参与全球化，是在全球化过程中提高了经济的复杂度，这是产业革命带来的第一个结果。

而高度化，即产业、产品和企业处于国际竞争力的更高端，从低级状态进入高级的状态。产业革命带来的经济复杂化和高度化的结果，促进了比较优势能力的提高，最后带来经济发展水平的提高。

第二个共同特征是制度创新。现代化的过程，就是一个制度创新和制度变革的过程。没有技术进步，人类进不到现代。同样，如果没有制度创新与不断变革，人类也进不到现代。这背后就是马克思所说的生产力和生产关系的矛盾，当生产力不断进步，对原有的生产关系产生冲击，必然带来生产关系的变革，也就是制度变革。

我们先看第一场制度变化。中世纪的西欧庄园制度，将农奴束缚在土地上，对人身自由施加限制，结果是阻碍了社会的结构变革，劳动力没法从农业向非农部门转移。直到后来出现了黑死病。重大的疫情，往往会带来巨大的制度变革，从而重写社会的历史。黑死病导致大量人口死亡，人地关系发生变化，原来的庄园制度无法延续，使得封建土地制度、不明晰的产权制度向现代土地产权制度变化，私有产权制度产生，农奴制度自然就瓦解了。而当土地制度变化，劳动力市场制度变化以后，农村市场不断地兴起和扩大，使市场开始发展，资本主义得到发展，现代化开始起步。

第二场制度变化是民族国家的形成。民族国家的形成改变了原来分崩离析的制度间的冲突，是人类的统一的形态。从原来分散的、封建的政治形态转向民族国家以后，开始出现专制王权，由专制王权制度建立的民族国家，是一个限制性的权力秩序。

专制王权制度有既定、一致的目标，比如统一国家。为了一致的目标，它们会形成政治和经济的结盟，如为了避免暴力而进行的结盟，这也能够促进经济发展。所以西欧的许多国家在这个时期建立起来的专制体制，有利于权力限制下的经济发展，这些国家也开始进入现代化的起跑线。

但专制王权制度本身会导致"诺斯悖论"。"诺斯悖论"的核心是什么呢？那就是一个国家的现代经济增长必须有国家制度，由国家来界定产权、保持秩序和维持公平。但在专制王权制度下建立起来的秩序是限制性的权力秩序，会使国家在保护产权、维护秩序和维护公平的过程中，只朝向对王权国家利益最大化的产权安排和秩序安排进行，如果这种限制性的权力秩序不向开放性权力秩序转型，这些国家就没法真正地实现现代化。

第三个时期的制度创新就是从专制王权的限制性的权力秩序朝向开放性的权力秩序转变。开放性就是开放组织的准入，开放政治权力和经济权力。

英国率先克服了专制王权，开启了政治现代化的过程，也成为世界上最自由、最宽松的国家，这为英国人追求思想的自由、技术的进步、财富的积累提供了条件。英国的光荣革命和后来的大西洋革命，促成了英国和西欧国家资本主义生产方式的确立。

第四个阶段就是美国人的制度变革。当英国人开始建立起开放性权利秩序以后，其面临着政治和经济制度上的缺陷，最大的问题就是腐败问题，没有达成一个真正成为现代化国家的制度条件。当时英国的一批移民到美国，这一批人在美国建立起来的制度，抛弃了英国制度的缺陷，同时也保留了英国制度好的地方，最后促进了资本主义制度的进一步变革，带来美国经济的繁荣，将美国的现代化推到世界头号地位。

第三个共同特征是价值引领。人类现代化从起步开始，就是对传统认识世界的一场反叛。比如文艺复兴、宗教革命，是对现代世界的一种新的认识，形成一种新的发展观。这种发展观来源于人们在价值理念上的理性化和世俗化，这是人类走向现代化非常重要的一个价值变化。

文艺复兴，反对禁欲主义，主张个性解放，倡导科学文化精神，摒弃一切权威和传统教条，主张理性主义；宗教改革，主张摆脱天主教会的束缚。马克斯·韦伯讲的新教伦理，就是倡导进取性，追求物质富裕，助推企业家精神，为资本主义的现代化带来精神动力。新航路的开辟，引发了一场商业革命，商业功能发生变化，市场交易成为主要的形式，商业结构、组织方式改变。这一切使得商业精神在西欧最早确立，这些国家进入工业化道路。

第四个共同特征是人和自然物质交换的自觉性。人类进入现代经济增长之前，一直受到"马尔萨斯陷阱"的束缚。

我是学人口的，读的是当时中国的第一个人口班，那时我们老师讲起马尔萨斯就咬牙切齿，说这个资产阶级经济学家太坏了，人口增长以后资源满足不了，他就采取战争、瘟疫这些方式把人口减少。但我去英国剑桥大学发现，那里最受尊重的两个经济学家，一位是马歇尔，另一位就是马尔萨斯，他对人类进到现代经济增长之前的传统增长时期的苦难进行了理论总结。

进入现代之前，生产和生活方式由资源决定，当人口不断增长以后，人和自然之间形成一种紧张关系，由于没有技术推动，这种关系最后陷入所谓的马尔萨斯陷阱，人口在不断增长，但自然是有限的。

而工业革命带来了一种新的生产和生活方式。进入现代后，人类从以资源为依托的发展方式，转向以人力资本、知识、技术进步为主的发展方式，开始以创新引领发展，从低水平的前现代增长，进入高水平的现代经济增长，生产力的进步超越了人口增长的速度。

第五个共同特征是全球的开放性。没有一个国家是可以关起门来搞现代化的。

中世纪的西欧跟同时期的各大文明相比，大部分时间是落后的。但1500年前后，西欧一连串事件，推动了区域的文明转化，为新文明诞生开辟了道路。地理大发现让世界成为一个整体，各国间开始形成互动。在这种互动中，西欧走向人类历史舞台的前台。

再看工业化，它作为现代化的核心，经过三次浪潮席卷全球。第一次就是英国的工业革命开端，向西欧扩散，这是早期工业化过程；第二次是工业化向欧洲和北美扩散，同时向非西欧世界产生强大的冲浪；第三次是发达工业世界向高度工业化升级，另外欠发达国家开始卷入工业化，所以工业化是一个向全球卷入的过程。

现代化成为一个世界性的现象，先在西欧，后来在中东欧、北美，再冲进西亚、北非，再到南亚、东亚和南美。20世纪的时候，现代化已经成为一个不可阻挡的潮流。

中国的现代化寻路历程

再来谈中国现代化的进程。中国为什么走了一条自己的路？这一条路既不同于西方现代化的路，也不同于苏联所走的社会主义现代化的路。在19世纪下半叶到20世纪初的半个世纪，中国就是在寻路的过程中。

当内忧外患出现时，中国几千年的传统结构开始发生变化。最初寻求的变革中，朝廷希望通过改革来维持它的旧有体制，地方实权精英则希望在改革的体制下寻求他们的发展，朝廷和精英通过结盟的方式，建立了官办的军工企业，兴办了官办、官督商办和民办的资本主义企业。这和任何一个国家在现代化早期的路径是一样的，但它缺少了推动现代化的领导力量，即缺少了体制改革的力量。第一轮自强运动是"中学为体，西学为用"，不想触及原有的政治体制，所以现代化的启动遭遇不幸。

甲午战败使中国人开始猛醒，维新变法开始思考制度上的变革。在军事上效仿日本模式，建立新军，在政治上学习德国和日本搞立宪运动，但没有学德国和日本走资本主义现代化的道路，因为当时还是缺少走资本主义道路的基本的因素。结果就是清王朝在第一轮和第二轮的变革中，没有实现从专制王权向现代君主立宪制的转变，没有建立起现代制度来推动国家的现代化，没有实现从专制的限制性的权力秩序向现代开放性权力秩序的转变。

辛亥革命推翻了2000年的王朝循环的模式，基本上也宣告了王朝体制内自上而下现代化运动方式的结束。但辛亥革命中的中国资产阶级又没有能力建立起现代政治制度，导致在传统体制下，中央的权威没有了，最后形成地方割据的加剧，社会陷入失序状态。

辛亥革命以后40年的时间里，中国一直在寻求现代体制下的秩序，即如何建立起一个现代的体制、一个统一的国家和一个政治结构来支撑中国现代化的过程。这个时期世界体系产生分野，一个就是世界经济危机导致法西斯主义的兴起，德、日、意转向法西斯资本主义道路，另外就是俄国创造的社会主义体制下的现代化模式。

从这时一直到1949年之前，中国内部存在两条发展道路的抉择。国民党走向了德式，即德国的统制经济和军事集权的道路。它建立起新的军事政权，但没有形成支撑现代国家建构的国家能力，导致中央军事政权难以跟地方之间形成政治和经济的结盟，所以国民党政权失败。

共产党最初走的是简单地模仿苏联、以俄为师的道路，也就是通过城市工人的革命，依托城市的力量来走现代化的体制建设，但很快发现这条路走不通。所以中国共产党开始"两个结合"，一个就是马克思主义基本原理跟中国具体实际的结合，另外一个就是跟传统结合，走向农村，以农村为根据地来建立社会主义的体制秩序，而后探索中国现代化秩序建构的道路。

解放战争，是中国两条道路的一场大决战，它结束了资本主义发展道路在中国的尝试，开始建立起一种新的模式，使中国现代化运动进入一个新的历史时期，最后我们开始谋求实现国家独立自主发展的一条非资本主义的现代化道路。

中国式现代化的内涵

中国共产党的现代化,可以从两个维度来观察。第一,它一以贯之地以制度的变革来推动国家的现代化;第二,它一以贯之地推动国家从农业国向工业国的转变,这是中国式现代化非常重要的内涵,而且在不断扩展。

1945年中共七大和1949年的七届二中全会,中国共产党所确立的现代化的目标,就是使中国稳步地由农业国转变为工业国。这个目标的确定意味着跟历朝历代的王朝体制的彻底告别,中国传统体制靠的是中央集权依托于小农的稳定性来实现一个国家的长期稳定,没有将一个国家从农业国变成工业国的动力和机制。

共产党确立了工业化作为现代化的目标,哪怕在最挫折、最困难的时期,都没有忘掉现代化。1954年的时候,中国还是非常困难的,那时就非常明确地提出要建设成工业化的具有高度现代文化程度的伟大国家。后来周恩来也明确提出,我们的现代化是"四个现代化",就是现代的工业、现代的农业、现代的科学文化、现代的国防。"文革"期间,体制已经陷入一种困难状态的时候,中国也没有忘掉实现"四个现代化"的目标。它是一以贯之的,不管是谁,只要在领导国家时期都要把现代化作为目标。

改革开放以后,邓小平同志提出中国式现代化,其具有三个重要的特征:第一,中国式的现代化必须是社会主义的现代化;第二,中国式的现代化是全面的现代化。那时他已经意识到现代化不能是只有物质的现代化,而是要有经济、政治、文化的全面的现代化。所以党的十三大报告里就提出了要建设富强、民主、文明的社会主义现代化国家;第三,就是小康,现代化一定要使经济的水平、人民的富裕程度提高。

另外,现代化的内涵随着经济发展水平的变化不断在改变。中国改革开放40多年得以不断持续,最重要的是社会主义初级阶段基本路线的确立。而其确立依托于两点：第一就是我们物质文化的需要和落后的社会生产之间的矛盾，贯穿社会主义初级阶段的始终，要去解决社会的主要矛盾；第二就是提出发展生产力，发展是硬道理。在这个基本路线下，随着经济发展水平的不断提高，现代化的内涵也在不断发生变化。

到党的十六大时，中国提出全面协调和科学发展的现代化，也就是说我们将现代化的目标提得更加全面、明确。为什么这里要提全面协调？因为这时诸如城乡、区域和阶层等的不协调已经开始出现。同时，也提出了更高水平的全面小康和"三步走"的战略。到党的十七大时，就明确提出"以人为本，全面、协调、可持续的发展观"，也就是科学发展观，那时主要矛盾就是统筹协调问题，所以提出"五个统筹"。另外，还提出了实现全面建设小康社会奋斗目标的新要求。到党的十八大以后就开始提全面建设社会主义现代化的强国，而且明确两步走的战略：2020年到2035年，要基本实现社会主义现代化，2035年到21世纪中叶建成社会主义现代化强国。

中国式现代化的进程是一个动态的过程。所谓的中国式，就是指从现代化起步到现代化进程中，制度选择和变迁是同中国国情和发展阶段相结合的，不是拍脑袋想出来的。

中国式现代化与全球现代化的共性

再谈一下中国式现代化与全球现代化的共同特征和其独特性。

首先看中国式现代化跟人类现代化的共同特征。

第一，它体现了发展性的共性。中国的现代化过程是一个不断发展的过程，没有发展就没有现代化。几千年间，中国一直没有摆脱乡土，是因为它没有发展；改革开放以来，恰恰是得益于发展，以经济建设为中心；未来一百年，党的二十大非常明确地讲，以高质量发展作为建设现代化强国的中心任务。中国的现代化过程，就是一个从站起来、富起来到强起来的伟大飞跃，根本就在于发展。另外，中国实现从落后的农业国向现代化工业国的转变，也是得益于发展，得益于中国的结构转变。

第二，它体现了制度变革推进的共性。中国式现代化的基本推动力是制度变革，和西方现代化相比，中国制度变革推动现代化的动力更强，而且更加一以贯之。原因在于，中国作为一个落后国家，要实现赶超，实现压缩的、快速的现代化的过程，光靠技术的变革来不及。所以中国为了快速推进现代化过程，就进行了一以贯之的制度变革。

新民主主义制度是一场制度变革，为中国农业国的工业化奠定基础；社会主义改造完成以后，第二场制度变革，就是建立起社会主义制度和计划经济体制，为中国的工业化奠定基础；第三个阶段是改革开放后，中国特色社会主义体制基本上已经定型，为中国未来成为现代化强国奠定制度基础。

第三，它体现了价值引领的共性。中国共产党之所以在同国民党做制度选择、道路选择的决战中取得胜利，是由于它文化的先进性和发展性。早期中国的革命和道路的选择，并非简单的农民革命，而是先进的知识分子在寻求中国未来的道路，所以具有文化的进步性；同时在中国现代化过程中，它一直在寻求社会主义核心价值体系，谋求中国人民的福祉，不忘初心、牢记使命，寻求带领国家走向现代化强国的精神力量。

第四，它体现了物质变换自觉性的共性。中国要实现的是超大人口规模的国家的现代化，并且现代化的过程是压缩的，即要在很短的时期实现快速的工业化和城市化，这样对资源和环境的破坏理论上会比任何一个国家都要严重，但现在中国的环境库兹涅茨曲线快速收窄，和我们主动转变已有的、过于依赖资源的发展模式有很大关系，比如实施创新驱动的发展战略，主动向绿色发展方式转型。

第五，它体现了开放与全球化的共性。中国的改革开放的过程，是一个以开放促改革的过程。如果没有开放，中国不会有那么大的改革动力。因为没有开眼界，就不知道自己的落后。因为改革开放之初已经形成的体制动力开始减弱，所以加入WTO，跟国际分工体系接上，运用全球的规则，来抓住经济全球化的机会，我们的开放体制、贸易体制、金融体制和国有企业体制的改革都是在那个时候推动的，这就是以开放促改革。现在处于百年未有之大变局，我们还是不断地优化对外开放格局，提出构建人类命运共同体，中国式现代化一直是一个开放和全球化的过程。

中国式现代化的独特性

接下来我们看中国式现代化的独特性，这种独特性体现在中国共产党的特质和作用上，通过体制建构和不断的制度变革来实现一个后来者的现代化赶超。

第一点，是中国共产党的独特性。任何一个国家的现代化都有政党体制，在中国共产党领导的中国式现代化中，中国共产党一定有它的特质。

首先，是独特的价值理念。中国共产党能够领导中国干了100年，实现全面建成小康社会的目标，其独特的价值就在于中国共产党是一个使命型政党，从建党开始，就确立了初心和使命，而且一代一代的共产党人，为了这个初心使命不断地努力。其表现在两点，一是当它在面临挫折的时候，能够从挫折中走出来；二是它在谋求进步的过程中，一以贯之地推进现代化的进程。其次，是它独特的组织力。中国共产党本身的组织能力，一是选人机制，它将社会的优秀分子吸纳到组织里；二是独特的培养机制，它让被选中的人进行各种锻炼和历练，使他们在领导社会进步的过程中，能够承担起使命。最后，自我革命也是中国共产党区别于其他政党的显著标志。

第二点，是通过体制的建构和不断的制度变革，来实现一个后来者的现代化的赶超。新民主主义制度促进了一个农业国的转型，社会主义制度和计划经济体制推进了一个国家的工业化，社会主义市场体制的改革推进了中国式的现代化，而现在要通过中国特色社会主义制度体系来建设社会主义现代化的强国，是不断地靠制度变革来推进现代化的过程。

中国式现代化回答的也是世界现代化问题

为建设社会主义现代化强国而提出来的五个现代化，不仅仅是为了解决中国现代化的问题，更主要的是想要回答世界现代化过程中没有解决的基本问题。

第一，中国式现代化是人口规模巨大的现代化。首先，要解决的是能不能使大多数人都共享的问题。虽然现代化将人类都卷了进去，但这不等于让大家都分享到了，中国14亿人，如果在2050年能够建成现代化强国，那差不多就是把全世界18%的人口带入了现代化，意味着中国能够改变世界现代化的基本格局。就像我们解决贫困问题的意义是一样的，中国脱贫问题的解决，恰恰是人类贫困版图问题的解决。另外，人口规模巨大的国情，意味着有更大的消费市场，有利于实现巨大的人口规模的现代化路径。再者，现代化不是一个局部的现代化，它要覆盖全体人口，是全面的现代化。最后，巨大的人口规模的现代化，要解决城乡问题。最大的不平衡不充分在农村、在农民，如果能解决农村和农业的现代化，也就能实现一个巨大的人口规模的现代化。

第二，中国式现代化是全体人民共同富裕的现代化。这还是为了解决现代化的一般问题，人类到现在为止的现代化，就算解决了贫困陷阱问题，也没有解决贫富分化问题。贫富分化问题不解决，高收入阶段的"中等收入陷阱"问题也解决不了。如果解决不了财富机制问题，则会冲击橄榄型社会结构。这不光是贫和富的问题,也会对稳定的中间结构产生影响。

中国共产党提的第二个中国式现代化,是要实现共同富裕的现代化,它的条件在于现代化的中国式,这里面有两点,一是社会主义制度,二是中国共产党领导。

实现共同富裕,是要实现全体人民生活质量的全面提升,让全体人民共享经济发展成果,使不平等程度缩小,防止富人和穷人之间出现不可逾越的鸿沟。这些一是靠高质量发展,二是靠制度和政党的特性。

第三,中国式现代化是物质文明和精神文明相协调的现代化。理性和世俗化将人类带向现代化,实现了物质文明的现代化。但西方现代化的反思恰恰也在此,理性的结果是感性减少,最后导致马尔库塞所说的单向度的人,从而导致精神文明陷入挣扎。

中国式现代化试图解决人类现代化中,物质现代化和精神现代化不协调的问题。一方面要通过经济现代化,建成一个富强的现代化的强国,同时要创造高度发达的社会主义文明。要使这两者相协调,那现代化的发展方式要改变,我们就提到了四化的同步,即工业化、信息化、城镇化和农业现代化的同步,还提到了要避免先污染后治理的教训,提出了新型工业化的道路。也就是说,不能在经济现代化中只追求物质现代化的路径。另外,就是如何在追求物质文明的同时追求精神文明,怎样实现中华优秀传统文化的创造性转化、创新性发展。

第四,中国式现代化是人与自然和谐共生的现代化。人类的现代化到现在为止没有解决可持续发展的问题,即既要经济发展,又要环境保护。人和自然和谐共生,不光为了经济发展,还要考虑环境,现在提出的节约资源、低碳发展等,都是为了破解可持续发展的问题。

第五,中国式现代化是走和平发展道路的现代化。西方的现代化的过程,导致了零和博弈的结果。而我们走的这个现代化,要避开这个陷阱,所以我们提出合作共赢和平等，寻求对话和弥合分歧，实现全人类的共同发展，提出建立人类命运共同体来避免零和博弈的现代化。

我们未来要建设社会主义现代化强国，就要用这五个现代化来为世界解决现代化的一般难题，走出一个中国式的现代化。

（本文根据作者在经济观察报社"经观讲堂"2022年第23期上的发言整理）

第三篇章

新理念

如何理解和推动高质量发展

潜力与定力

新结构视角下的高质量发展

林毅夫

发展是第一要务,发展是硬道理。这一点,我想每一个中国人,特别是深圳人都有非常深刻的体会。40多年前,刚刚改革开放的时候,深圳是一个小渔村,中国是世界上最贫穷的国家之一。按照世界银行的指标,当年我们的人均GDP只有156美元;而一般人印象中最贫困的地区——撒哈拉沙漠以南的非洲国家,人均GDP是490美元。中国连它们的三分之一都没有。但是,从1978年到2019年,我国取得了连续41年平均每年9.4%的高速增长。以这么高的增长速度持续这么长的时间在人类历史上不曾有过,尤其是在人口这么多、底子这么薄的地方,不曾有过。我们在2010年的时候,经济规模超过日本,变成世界第二大经济体。2019年,我们的人均GDP达到10261美元,深圳已经达到了大约3万美元。过去40多年,我们有8亿人摆脱绝对贫困,对世界减贫事业的贡献超过70%。2020年底,我们所有人口都消除贫困,这也是人类历史上不曾有过的。也正是因为有了这么快速的发展,我们才能看到深圳从小渔村发展成为一个引领世界的大型工业城市。

林毅夫系第十四届全国政协常委,北京大学国家发展研究院名誉院长,北京大学新结构经济学研究院院长,北京大学南南合作与发展学院名誉院长,世界银行前高级副行长兼首席经济学家。

党的十九届五中全会提到,"十四五"期间,我们要以高质量发展为主题。我想从新结构经济学的视角来谈谈,为什么现在要提出高质量发展,高质量发展的主要内涵是什么,再来谈谈怎么实现高质量发展。

为什么要提出高质量发展

我想主要原因就是我们现在面临的主要矛盾发生了变化。过去的主要矛盾是人民日益增长的物质文化需求和落后生产力之间的矛盾。当时我们的收入水平低,发展以解决温饱为主要目的。经过40年的发展,社会主要矛盾已经转化为人民日益增长的美好生活需要和不平衡不充分的发展之间的矛盾。对美好生活的需求就不只是量的问题了,而是关系到质的问题。量还是需要增加,但是更重视质的提高。我想就是在这样一个背景之下,中央提出在"十四五"期间,必须以高质量发展为主题。而且我相信不只是"十四五",因为主要矛盾的变化,中国未来的发展也必须以高质量发展为主题。

什么是高质量发展

习近平总书记在这方面有不少论述。我自己的体会,最重要的是必须按照新发展理念来推动我们的发展。新发展理念有五个主要内涵:创新、协调、绿色、开放、共享。

创新发展与过去一个最大的差异在于,过去的发展主要依赖于要素投入的增长,而创新发展则必须靠效率、质量的不断提高。这要求在技术、生产、营销等各方面不断创新。在发展过程中,我们也必须解决城乡之间的差距、地区之间的差距,同时,实体经济和虚拟经济之间必须有所协调。发展必须做到环境越来越好,必须是可持续的,需要走绿色的道路。这样的发展一方面需要利用国内国际两个市场、两种资源，另一方面，这种开放式的发展，也可以把中国发展带来的好处、经验与世界上其他国家共享。最后，发展必须让全体人民共享其好处，缩小城乡差距、贫富差距。所以，高质量发展必须同时达到这五个方面。

如何实现高质量发展

高质量的发展有上述五个维度，如何做才能不顾此失彼呢？从新结构经济角度来看，最重要的是一方面要按照比较优势来发展经济，另一方面发挥有效市场和有为政府这两只手的作用。

首先，发挥比较优势的发展就需要是开放的经济。对于我们有比较优势的产业，我们可以多发展，并且出口到国外；对于我们没有比较优势的产业，可以利用国际资源（包括自然资源、技术资源等）。其次，由于比较优势是竞争优势的基础，发挥比较优势的发展效率最高、最可持续，可以创造更多就业机会，可以使最多的人共享发展成果。同时，因为有效率，整个社会的资源也会增加得最快，政府在经济发展过程中也就有更多的税收，有更多的能力来解决区域之间、城乡之间的差距，协调区域、城乡的发展。

怎样才能按照比较优势发展呢？尤其在创新时，如何按照比较优势来创新呢？新结构经济学根据三个方面的标准来区分产业：第一，比较一个产业和世界技术前沿的差距；第二，是不是符合比较优势；第三，新产品、新技术研发周期的长短。

类似中国这样已经处于中等发达水平、很快会进入高收入水平国家的产业，可以分成五大类。

第一类是追赶型产业。这类产业我们国内有，更为发达的国家也有。对于这样的产业，中国的比较优势是在中低端，而发达国家则在中高端具有比较优势。中国的附加价值比较低，它们的附加价值比较高。

第二类是领先型产业。这类产业我们的技术水平是世界上最领先的，这也是我们的比较优势。深圳有不少世界领先型的产业，例如华为在手机、5G领域，大疆在无人机领域，华大在生物基因和智能技术领域。

第三类是转进型产业。例如劳动力密集型产业，尤其是劳动力密集型的加工业，我们过去有比较优势，但随着要素的积累、资本越来越丰富、工资水平越来越高，我们失去了比较优势。失去比较优势的产业必须转型。转型有两种方式：一部分可以向这个产业"微笑曲线"的两端发展，经营品牌、产品研发和市场渠道，这些附加值比较高；还有一部分在"微笑曲线"底端，比如低附加值的加工，就必须转移或者退出。

第四类是换道超车型产业。这类产业的产品技术研发周期比较短，可能是12个月，顶多18个月。较短的研发周期会使得它以人力资本为主要投入，对金融资本需求相对较少。这类产业很多是20世纪80年代信息产业蓬勃发展以后产生的。和发达国家相比，我们的资本积累比不上发达国家两三百年的积累，但是我们在人力资本上并不处于劣势，同样有比较优势。这方面的典型就是所谓独角兽企业：新创的，成立不到10年，还没上市，市场估值已经超过10亿美元的企业。这样的企业，2019年全世界有494家，中国206家，美国203家，中国的数量与美国相比还略有领先；2020年，全世界有586家，美国233家，中国227家，中国的数量与美国不相上下。在这样的换道超车型、短研发周期产业上，我们同样有比较优势。

第五类是战略型产业。与第四类产业正好相反，它的产品和技术研发周期特别长，有的10年、20年，甚至30年。产品和技术的研发当然需要人力资本，但是因为研发周期特别长，它所需的金融资本投入会非常大。这样的产业，按理说我们没有比较优势，但这个产业的产品有些与国防军工有关，没有它们就没有国防安全；有些是与经济安全有关，没有它们就可能被"卡脖子"，这一类我们也要发展。

从新结构经济学的角度来看，我们怎样进行这五类产业的创新？

对于追赶型企业，发达国家在这个产业的中高端，技术水平比我们好，我们则在中低端。怎么朝着中高端追赶呢？必须有技术创新，技术创新的含义是在生产时所用的技术比现在好。这一类产业存在后来者优势，和发达国家同一产业的技术差距，让我们有可能以引进消化吸收的方式取得技术创新。怎么引进消化吸收呢？其实绝大多数的引进就是购买更好的设备，更好的设备包含了更好的技术。除了买进更好的设备，也可以用购买专利的方式，或者与国外先进企业合资生产。这是我们在追赶型产业中取得技术创新的方式，它主要以引进消化吸收为主。当然不代表不需要做一些自主研发。自主研发是在实用技术上的研发，是把引进的技术结合当地情况进行改进的研发。

对于领先型、换道超车型，以及战略型产业，要有新技术，基本上不可能从国外取得，只能靠自己的研究和发明获得。转进型产业的研发需要聚焦新产品，所以可以根据不同产业在各个地方的情形，按照比较优势进行技术创新。

要把按照比较优势创新的概念变成企业家的自主选择，必须有有效市场。通过市场竞争，能提供一个准确的价格信号，来看哪些产业有比较优势，哪些产业可能会失去比较优势，以及同样有比较优势的产业中，哪些有较好的市场前景，哪些市场前景比较暗淡。靠这种你追我赶的市场竞争，来促使企业改进技术、改进营销方式。企业获得更大利润的动力必须来自一个有效市场。这样才能按照比较优势进行技术创新、产业创新。

有效市场是外部环境。在有效市场中，还要发挥有为政府的作用。因为在经济发展、技术创新的过程中，存在市场失灵是必然的。必须给创新者一定激励。尤其是已经处于世界最前沿的领先型、弯道超车型以及战略型产业，它们的创新很多属于原始创新，如果没有知识产权的保护，企业进行创新的激励就会削弱。除了要有激励之外，最前沿的技术创新还包含基础科研的研究和新产品新技术的开发，企业愿意做的主要是在开发上，因为开发出来的产品和技术有专利的保护。基础科研的产出为公共知识，可是如果没有基础科研的突破，新产品、新技术的开发就会变成无源之水。由于这样的特性，不管在哪个发达国家，基础科研都主要是由政府来提供。这也是有为政府的一个重要内涵。

除了基础科研之外，随着经济的发展和产业的升级，很多对软硬件基础设施的新需求会不断产生，必须根据新产业、新技术的需要不断完善。软的基础设施包括人力资本、技术人才，硬的基础设施包括电力、交通网络、通信等。因为外部性的原因，一般企业不太愿意做基础设施的投资，容易变成发展的瓶颈。所以这方面也主要由政府承担。

对创新来讲，政府要发挥有为的作用，在一个竞争性的市场中，根据前面讲的五大类型产业的特性，来提供企业创新的外部环境和激励。同时在任何国家，尤其是中国这么大的国家，地区之间、城乡之间的差距必然存在。在发展的过程中，也需要政府改善落后地区的基础设施，提高当地公共服务的水平，这样的发展才会是协调的发展。

在发展的过程中要实现绿色可持续，必须有绿色技术。在全球气候变暖以后，大家才逐渐重视绿色技术，这是新的技术领域。中国作为一个大国，很多气候变化的影响会直接在国内呈现。所以要实现绿色可持续发展，就需要政府提供激励，来鼓励绿色技术创新，同时用绿色技术带动传统产业的绿色转型。这些绿色技术的使用是有成本的。政府必须设置环境规则，开展环境监督，企业才会有积极性去进行绿色改造。

综上，从新结构经济学的角度来讲，高质量发展的最好的方式是有效市场和有为政府这两只手共同发挥作用，引导企业，支持企业，按照各个地区、各个产业的特性，按照比较优势的基本原则来选择产业，发展经济。到2035年，我国完全有可能在2020年的基础上，GDP总量和城乡居民收入翻一番。到2049年，实现把我国建成富强民主文明和谐美丽的社会主义现代化强国的目标。这个过程中，深圳作为中国特色社会主义先行示范区，一定会像过去40年来一样，不断探索经验，为经济特区的进一步发展，也为中华民族的伟大复兴做出自己的贡献。

［本文根据作者2020年11月在哈工大（深圳）深圳高质量发展与新结构研究院成立仪式暨深圳高质量发展与结构创新研讨会上的演讲整理］

教育促进高质量发展的战略作用

闵维方

党的二十大报告明确指出："高质量发展是全面建设社会主义现代化国家的首要任务。"发展是硬道理，是党执政兴国的第一要务。没有坚实的物质技术基础，就不可能全面建成社会主义现代化强国。习近平总书记曾经指出："高质量发展，就是能够很好满足人民日益增长的美好生活需要的发展，是体现新发展理念的发展，是创新成为第一动力、协调成为内生特点、绿色成为普遍形态、开放成为必由之路、共享成为根本目的的发展。"教育在我国的经济社会发展中始终发挥着基础性、先导性、全局性战略作用，因此，党的二十大报告再次强调实施科教兴国和人才强国战略，并首次把教育、科技、人才这三大战略作为一个相互联系的有机整体进行部署，特别强调了"坚持教育优先发展"，体现了党对全面建设社会主义现代化国家的规律的认识进一步深化，战略思维达到新高度。那么，在我国当前特定社会经济条件下，应该怎样认识教育在高质量发展中的战略作用呢？

闵维方系北京大学国家发展研究院教授，北京大学教育经济研究所教授。

教育为创新驱动发展提供人才支持和知识贡献

高质量发展是创新驱动的发展，因此必须靠知识创新和科技创新，而进行科技创新并实现创新成果产业化，进而推动经济社会发展，必须靠一大批拔尖创新人才以及数以千万计的高级专门人才和数以亿计的高素质劳动者。教育则是造就这种高质量人力资本的基础，是拔尖创新人才不断涌现的源泉。2021年，我国共有各级各类学校52.93万所，在校生2.91亿人，其中高等教育在学总规模4430万人，在学研究生333.24万人，其中博士生达50.95万人。正是这一世界上最大规模的教育体系，为我国实现创新驱动的经济社会发展提供源源不断的强大人力资源支持。与此同时，2021年我国高等院校进行的科研项目696714项，其中基础研究303197项，应用研究328869项，实验发展研究64648项，当年专利申请数高达328896项，其中发明专利193474项，实用新型专利119687项，获得专利授权268450项，同企业签订技术转让合同19936项，成为我国创新驱动发展的重要生力军，为我国加快建设世界重要人才中心和创新高地做出了重要贡献。

特别需要指出的是，国家自然科学基金委员会面上项目中有关基础研究的课题70%以上是由大学承担的。基础研究是技术创新的源头活水，正是因为有这些基础性研究成果，才有一切战略性、原创性的技术进步。大学创新能力对经济增长的作用首先体现在基础研究和知识创新上。基础科学研究探讨世界的客观规律，拓展人类对宇宙和自身的认知边界，是实现技术引领的前提，也是颠覆式、跨越式创新的源泉。没有电磁理论的麦克斯韦方程组，便不会发展出现代的电力科技和电子科技；没有量子力学的薛定谔方程，就不会有大规模集成电路、各种半导体器件的发明，也不会催发新一代的信息技术和产业革命；没有20世纪一系列基础研究的重大成果，就不会有今天一系列科学技术的突飞猛进和知识经济的高速发展。可以说，近100年来，人类日新月异的技术进步和产品更新都来源于基础研究的成果积累和广泛应用，而大学正是开展基础研究的最重要基地，在实现创新驱动发展的过程中发挥着基础性、先导性战略作用。

教育在区域和城乡协调发展中发挥重要促进作用

高质量发展是区域和城乡协调的发展。党的二十大报告特别强调，要深入实施区域协调发展战略和新型城镇化战略，推动西部大开发形成新格局，推动东北全面振兴取得新突破，促进中部地区加快崛起，鼓励东部地区加快推进现代化，促进区域协调发展。教育在这一过程中具有不可或缺的促进作用。通过优质教育资源向中西部和东北地区的倾斜，助力这些地区形成高质量人力资本，而高质量人力资本则是提高这些地区创新水平和经济发展速度的最重要的驱动力。

国际国内的经验都显示，一个地区的经济发展取决于全要素生产率。全要素生产率主要指物质资本和劳动力的量的投入所不能解释的那部分经济增值，即导致经济增长的所有其他要素的总和。这些要素包括人力资本、知识创新、技术进步、生产过程创新、组织管理创新、分工和专业化程度以及社会经济制度进步等各方面的因素，其中人力资本是驱动全要素生产率的最重要部分。经济欠发达地区要从根本上实现经济发展的跃升，必须提高劳动者素质，才能实现可持续的经济增长。因此，优质教育资源在各个区域的均衡配置，将会有力促进区域协调发展。我国根据区域的经济发展差异，将省级行政区按财力状况分为5档，中央承担10%~80%不等的教育支出责任。在义务教育公用经费保障方面，明确将国家制定分地区生均公用经费基准定额调整为制定全国统一的基准定额，所需经费由中央与地方财政分档按比例分担，其中第一档由中央财政分担80%，第二档由中央财政分担60%，为全国义务教育均衡发展奠定了财政基础。同时，在高等教育招生指标和学生资助等专项资金支持方面向经济欠发达地区倾斜，体现了通过教育促进区域协调发展的政策取向。

党的二十大报告论述区域协调发展时，还特别强调"推进以人为核心的新型城镇化，加快农业转移人口市民化"。城镇化是一个国家现代化的必由之路，也是实现城乡协调发展、拉动经济增长的重要引擎之一，而教育则是以人为核心的新型城镇化最重要的动力，主要体现在以下两个方面。

第一，通过增加教育投资，大力发展教育事业，提高农业劳动者的文化科学水平、生产操作能力和经济运作视野，使他们能够更好地运用农业科学技术发展的最新成果，不断提高农业劳动生产率，促进现代化大农业的发展，从而使越来越多的农民从土地上解放出来，进入城镇的劳动生产率更高、收入也更高的第二产业或第三产业。

第二，教育是深度开发人力资源、全面提高人的素质的基础，是农民通过接受培训和再培训进入第二产业和第三产业并逐步实现"市民化"的必要前提。城镇化不仅是促进经济增长的发展手段，更是一个人自身发展的过程。以人为核心的新型城镇化既不是阶层城镇化，即通过严格筛选的招聘等方式抽调农村相关人才到城镇；也不是简单的空间城镇化，即农村人口通过低筛选或无筛选的方式，以农民工的身份进入城镇打工，但是这些农民工没有享有与城市居民平等的基本公共服务与社会保障等相关待遇；更不是单纯的生活城镇化，即通过各种方式进入城镇的农民在衣食住行等方面模仿城市居民，但是并没有在文化和价值观上，更没有在户籍上真正融入城市。

以人为核心的新型城镇化是全面的城镇化，首先是人本身的城镇化，是人的全面素质的提高，是引领农村居民进入现代城市文明的过程。城镇社会是一个社会分工更加细化、居民之间互动更多、社会互动规则更强，公共领域更加发达的社会，因此对人的人文、社会、法律与秩序素养要求更高更系统，这些素养必须通过系统的教育过程才能形成。新型城镇化是坚持以人为本、城乡一体、互为促进、和谐发展的城镇化。这就要求大力发展教育，不断提高教育质量和水平，推动城镇化的健康发展，实现城乡的协调发展。

教育是开放发展的重要基础

高质量发展是以开放为必由之路的发展。改革开放以来我国经济高速发展并已经深深融入国际经济体系，成为世界产业链中不可分割的一部分。我国既为世界经济增长做出了重要贡献，同时也受益于在国际经济体系中的相互合作与交流。因此，党的二十大报告特别强调要"坚持高水平对外开放，加快构建以国内大循环为主体、国内国际双循环相互促进的新发展格局"。在这一过程中，教育对外开放在形成对外开放新局面、促进"双循环"、推动经济增长中具有重要作用。

首先，通过教育国际交流与合作，促进中国优秀文化成果与世界先进文化成果的相互借鉴和吸收。例如，截至2020年6月，我国已经在162个国家和地区设立541个孔子学院和1170个孔子课堂，特别是在"一带一路"沿线国家和地区广受欢迎，极大增进了我国同世界各国人民的语言文化交流和相互了解。同时，我国的中外合作办学机构和项目达到2282个，其中本科以上机构和项目达1196个，为推进我国经济的开放发展创造了必要的人文条件。

其次，教育在开放发展中的作用还体现在人才培养上。根据初步统计，改革开放以来的40多年中，我国81%的中国科学院院士、54%的中国工程院院士、72%的国家"863"计划首席科学家均为留学回国人员。同时，通过来华留学项目，我国一方面吸引了大批国际高层次人才，另一方面也为其他国家，尤其是第三世界国家的科技与经济社会发展事业培养了大批人才。这些都为我国的开放发展奠定不可或缺的国内外人才基础。

党的二十大报告强调要提高对外开放水平。因此，我们要进一步扩大双向、高效有序的教育对外开放，既要坚持"支持留学、鼓励回国、来去自由、发挥作用"的方针，也要加大力度吸引更多优秀外国留学生来华学习，扩大教育教学和科研的国际合作，使教育对外开放成为促进"双循环"的有效机制。同时推动教育交流这一促进不同国家不同文明之间和谐共处与共同繁荣的有效机制，在促进我国经济社会高质量发展的同时，为构建人类命运共同体做出贡献。

教育是绿色发展的驱动力

高质量发展是以绿色为普遍形态的发展，即"资源节约型、环境友好型"的发展。党的二十大报告指出，要加快发展方式绿色转型，推动经济社会发展绿色化、低碳化，积极稳妥推进碳达峰碳中和，这是实现我国长期可持续发展的关键所在。大量研究从理论与实证的结合上揭示了教育在加快生态文明建设、促进绿色发展方面发挥着基础性战略作用。

首先，教育能够显著提高人们的文化科学技术水平，增强人们的生态环境意识，形成自觉节约资源和保护环境的行为模式。国际经验表明，教育事业同生态文明建设事业之间存在着协同发展趋势。教育平均发展水平和质量越高的国家，人们的环境保护意识越强，生态文明建设水平也越高，经济活动的资源消耗也越少，绿色经济占比也越大。例如，十年前我国每万美元国内生产总值耗水1340吨，而美国是410吨，德国是220吨，日本是190吨。考虑到我国人均水资源量仅为世界人均水平的28%，因此降低耗水量成为绿色发展的重要指标之一。党的十八大以来，我国教育事业发展突飞猛进，劳动年龄人口平均受教育年限从2011年的7.5年上升到2021年的10.9年。随着受教育水平的提高，人们的环境意识大大增强，人力资本质量显著提升，生产的科技含量和全要素生产率大大提高，我国万元国内生产总值用水量、万元工业增加值用水量分别下降28%和39.6%，经济发展更加绿色。

其次，实证研究显示，教育在绿色经济增长中的作用要显著大于教育促进传统经济增长的作用，即除了提升全要素生产率外，教育还有将经济变得更为"绿色"的功效。教育在提高人力资本质量的同时，也促进了产业结构的优化升级，即一国的经济从劳动密集型、资源消耗型产业向资本密集型产业升级，进而向知识和技术密集型产业升级。由于产业结构的优化升级是以具有相应知识技能的劳动者群体为基础的，只有高素质的劳动者才能很好地适应高附加值的知识和技术密集型产业，可以说人才的高度决定产业的高度。而教育正是通过提高人的知识技能，为产业优化升级创造了必要的前提。产业结构的优化升级对一个国家的经济发展意义重大，其不仅是经济增长的重要源泉之一，而且使国家能在产业的不断更新换代中降低对资源和环境的损耗，从而实现可持续的绿色经济增长，促进人与自然和谐共生。教育通过其人才培养功能在产业结构的优化升级中发挥着基础性和先导性作用，驱动经济向绿色化转型。

最后，教育还能改变人们的观念，从而带来生产组织和管理制度上的创新。这类创新同样有助于发展绿色经济。社会各行各业、各领域的发展都有赖于创新的推动，这些创新一方面能够开创新的生产方式、带动新的需求，提高经济的总量；另一方面还能让生产方式更为合理，从而降低资源消耗、提高经济运行效率。而创新又高度依赖于人们所具有的知识和观念，这些都以良好的教育为支撑。

教育是促进共享发展、实现共同富裕的重要机制

高质量发展是以全体人民共享发展成果为根本目的。正如党的二十大报告所指出的，中国式现代化是全体人民共同富裕的现代化。要坚持按劳分配为主体、多种分配方式并存，构建初次分配、再分配、第三次分配协调配套的制度体系。努力提高居民收入在国民收入分配中的比重，提高劳动报酬在初次分配中的比重。增加低收入者收入，扩大中等收入群体。完善按要素分配政策制度，加大税收、社会保障、转移支付等的调节力度。引导、支持有意愿有能力的企业、社会组织和个人积极参与公益慈善事业。教育是实现这一系列共同富裕政策目标的重要机制。

首先，要实现共同富裕，先要"富裕"，即通过可持续的高质量经济增长，不断增加全社会的财富总量，做大做好"蛋糕"，才有可能调节收入分配，分好"蛋糕"，达到共同富裕的目标。没有可持续的经济增长，空谈共同富裕，结果只能是"均贫"。大量的实证研究显示，教育能够提高人力资本的质量，促进经济长期可持续增长，从而为共同富裕奠定必要的物质基础。

其次，优质公平的教育能够在提高人们的收入水平和纳税能力的同时，增进人们对社会公共利益的理解，使人们认识到共同富裕有利于社会和谐稳定，而社会和谐稳定有利于经济的繁荣发展和增进每一个社会成员的福祉，因此使人们能够更好地理解再分配的重要性并积极参与三次分配，从而有利于面向全社会把蛋糕分好，促进共同富裕。

再次，尽管再分配在调节分配结构、缩小收入差距方面发挥着不可或缺的重要作用，但是如果共同富裕过于依赖再分配，则会增加国家的财政负担，并可能导致税负加重。这不仅损害经济效率，迟滞经济增长，而且仅仅是从结果上缩小收入差距，但创造财富的能力差距却没有缩小，进入下一轮

经济循环的时候，收入差距可能又会由于能力差异再现出来。因此，仅在再分配上做文章，得到的只会是短期效应。要从根本上解决收入差距、实现共同富裕，关键之一是在保持经济增长和加大再分配力度的同时，通过加强对人力资本的投资，大力发展优质公平、有针对性的个性化教育，普遍提高全体社会成员的知识和能力，使具有不同禀赋和潜能的每一个人都得到充分发展，保障所有社会成员都获得创造财富的能力，即人的发展、人的能力的共同提高、人的潜力的充分发挥。

最后，要特别注重优质教育资源向低收入群体倾斜。习近平总书记曾经指出："低收入群体是促进共同富裕的重点帮扶保障人群。要加大普惠性人力资本投入，有效减轻困难家庭教育负担，提高低收入群众子女受教育水平。"因此，在通过教育普遍提高全体社会成员的能力过程中，要通过优质教育资源倾斜政策提高低收入群体及其子女的致富能力，提高其经济收入水平，阻断贫困的代际传递，实现积极的向上的代际社会流动，促进社会的整体经济收入分配格局趋向公平。因此，发展优质公平的教育，是实现共同富裕的重要机制之一。

总之，教育在高质量发展的五个方面都发挥着重要的战略作用，而要发挥好教育的这种作用，必须深化教育教学综合改革，进一步提高教育质量，促进教育公平，完善各级各类学校管理和教育评价体系，健全学校家庭社会全方位协同育人机制，推进教育信息化数字化，建设好全民终身学习的学习型国家。

（本文为作者发表在《人民教育》2022年第22期的文章）

发展自主技术不要忘记两个重要原则

姚洋

发展自主技术是双循环的重中之重。

"进口替代"战略不是中国独有

进口替代原是20世纪50年代世界银行对于发展中国家的一个标准的政策建议。

那个时代,世界分成两部分,一部分是发达国家,一部分是发展中国家,当时出现的"依附理论"认为,发达国家处于中心地位,主导着技术进步,但是并没有惠及处于边缘的发展中国家,甚至也没有让发展中国家的原材料价格相对于发达国家的产品价格上升,因为通常来讲,技术进步越快的国家,生产的产品相对价格应该下降。由此引出的一个政策建议就是,发展中国家最好施行进口替代战略,即发展中国家也直接去做发达国家正在做的事情,自己生产机器设备,而不是根据比较优势,发展劳动密集型等相对低端但相对发达国家有比较优势的产业。

姚洋系北京大学博雅特聘教授,北京大学国家发展研究院原院长、中国经济研究中心主任。

可见搞进口替代并不是中国人发明的，是当时世界银行对发展中国家的一个标准的政策建议。

实施进口替代的国家，也不仅是中国，拉美国家、印度都在采取进口替代战略，当然相对而言中国做得比较好。我们在新中国成立前30年里至少建立起比较强大的工业基础，而且当时也的确把我们的工业水平推向了一个较高的高峰。

比如，当时关于造船有过一个争论，一方认为造船不如买船，买船不如租船。从经济学的角度来说，租船最便宜，就像现在航空公司很少买飞机，都是租飞机，因为便宜。但是另一方认为中国要自己造船，并得到实施。结果今天世界上80%的船舶吨位都是中国生产的。如果那时候中国没有坚持自己造船，就没有我们今天的这种成就。

这是搞进口替代的成功案例。

改革开放后的"进口替代"价值容易被低估

改革开放以后，进口替代的速度加快，而且成本更低。进口替代最主要的方式也变成了边干边学。凡是自己不能直接生产的高级产品，先进口再慢慢学着自己生产。

十多年前，我和我的一位博士后张晔写过一篇文章，后来这篇文章还获得孙冶方经济学奖。这篇文章指出，如果单看我们加工贸易的增加值，通常的意见是，由于产业太低端，增加值很小，似乎不值得做。在金融危机最严重的时候，甚至有人认为不应该再搞加工贸易，因为加工贸易两头在外，创造了太多的外贸盈余。但如果仔细看中国出口产品的增加值，会发现广东和全国不一样，广东作为先行者，早期的加工贸易增加值也是下降的，但坚持20年之后出现了V型反转，国内增加值开始提高，这就是进口替代。

在中国今天的加工贸易中，本土贡献的增加值已经占到40%左右。加工贸易不等于低附加值，更不是没有附加值，否则怎么可能创造这么多的外贸盈余？2014年之前，中国的外贸盈余都是来自加工贸易，这直接说明加工贸易是有用的。

我们要深刻地认识到，加工贸易不仅带来外贸盈余，更重要的是，我们在加工和贸易的过程中学到很多东西，这是宝贵的知识和技术资本，同时又积累了巨额的资本，这些资本转化成更多更高级的机器设备，这就是鲜活的产业升级图谱。

不仅如此，中国的加工贸易还惠及全球，除了中国制造带来的成本优势惠及全球消费者，中国的制造业在开放的过程中还和国外企业保持了交流，大家有分工合作，也是直接或间接的竞争。哪怕是竞争对手之间开会、研讨，争夺产业新标准，都会整体上提高全球的技术水平和经济紧密程度。

因此，开放促进进口替代，在开放的环境下搞进口替代仍然是中国最好、最便宜的产业升级途径，并对全球有益。

发展自主技术的两个关键问题

在今天这个节点上，关于自主技术有两个问题要深入思考。

第一个问题是Plan A和Plan B的关系。

我们搞自主技术的动因很大程度上源于美国对我们的技术封锁。我们要做好积极的准备，但它是Plan B，就像每辆车都有一个备胎一样。我们在20世纪60—70年代搞三线建设，把Plan B做成Plan A，成本非常高。我们不能将所有的"卡脖子"技术都自己做了。如果以"卡脖子"作为标准，很容易把Plan B做成Plan A。而且，中国经济的体量太大，一旦做成一项技术或产品，别的国家基本上就难有活路，经济问题进而可能转化为外交问题。

中美已经有不少经济问题被特朗普政府搞成了外交问题，特朗普把经济问题武器化了。我们一定要认识到，中国经济已经是非同寻常的体量，我们对世界的影响越来越大，国内的经济政策不仅影响我们自己的发展，而且也直接会影响到外交，外交又会反作用回来。毛主席当年对外交有一个观点，就是外交应该让朋友变得多多的、敌人变得少少的。

在中美关系、自主技术问题上，我们应该有清醒的头脑，慎提举国体制，因为对于国际社会而言，他们可能觉得这是我们在主动地与世界脱钩。千万不要做成了外部没有和我们脱钩，而我们自己先主动脱钩，尤其是内心并不想脱钩，却表述错误，使自己陷入外交上的被动。

第二个问题是政府和市场的关系。

这是个老问题，但是在自主技术领域，这个问题变得更加突出。现在各级政府都在动员成立各种基金，争相发展自主技术，这样的做法能不能见效？我认为政府加大资金投入肯定能见效，但是不是最优的方式？这非常值得我们思考。

2018年和2019年的去杠杆，一个重要的不良影响就是金融领域出现严重的国进民退。自主技术领域其实也是同样的道理，但和金融不同的是，即便发生严重的国进民退，短期内也看不出来有什么重大的代价，因为效率的下降有一个过程。问题是，5年、10年之后，我们就会发现，国家整体的技术进步速度反而没有以前快。

究其原因，是因为国有金融企业归属于政府，其目标不可能完全以利润为导向，而是兼顾多种职能，这时想靠它们把市场化的技术搞上去，不仅有难度，而且极有可能付出很大的代价，产生很多不必要的浪费，包括资源和时间的浪费。

当然，这不是要否定国有企业或举国体制的价值。中国的"两弹一星"等不少技术都是举国体制的伟大成就，我前面讲的造船，还有卫星发射技术等，都是举国体制的杰出成就。但我们也一定不要忘记，我们当时为发展这些技术不计成本。在特别关键的少数领域，举国体制、不计成本、国企为主都没有问题，但如果变成各级政府、各领域都以不计成本的思维投入自主技术突破，变成一种大面积的行动，恐怕就会带来惊人的浪费。

中国改革开放和世界发展的历史都证明，创新还是应该由市场来做，在分散的市场决策里做创新是目前为止人类探索出来的最有效方式。真正关键领域的自主创新一定是必要的，但分清哪些必须由政府做，哪些完全可以交给市场做，也同样是必要的。

总之，中国今后的发展必须更多地依赖创新，发展自主技术是必然的、必要的，但一定不要把自主技术和开放、市场对立起来，而是要紧密地统一起来。

（本文为作者2020年12月在北京大学国家发展研究院第五届国家发展论坛上的演讲）

第四篇章

新格局

如何理解和构建新发展格局

双循环的深意与落实中的关键点

林毅夫

"以国内大循环为主体、国内国际双循环相互促进的新发展格局"是很重要的国家发展定位。我想对这个论断谈两点心得。

第一,为什么要提出这个论断;

第二,如何落实这个论断。

关于中国经济发展模式的惯常说法是,要"充分利用国内国际两个市场、两种资源"。不少国内国际学者据此把中国的经济发展模式称为出口导向型,甚至认为是由于中国推行出口导向的经济,才导致全球贸易失衡以及美国对中国贸易逆差的不断扩大。

2020年中央首次提出我国经济发展模式要以国内大循环为主体,这是一个重大的转变。由于中国现在已经是世界第一大贸易国,中国发展模式的改变不只将影响到中国自身,也将影响到全世界。

林毅夫系第十四届全国政协常委,北京大学国家发展研究院名誉院长,北京大学新结构经济学研究院院长,北京大学南南合作与发展学院名誉院长,世界银行前高级副行长兼首席经济学家。

提出双循环的短期原因与深层考虑

我个人的看法是,中央这个论断的提出既有短期原因,也有深层考虑。

2020年,新冠疫情在全球大暴发,全球经济遭受巨大冲击,不少学者认为,这次冲击是自20世纪30年代大萧条以来规模最大的一次。在这个局面下,国际贸易随之萎缩。

中国是出口大国,在产品出口减少的情况下,当然要更多地靠国内消化,这就是国内循环。另外,美国对中国高科技产业的不断打压,比如对华为实施断供,也会影响到相关企业的出口。这些企业要继续发展,产品就要更多地靠国内市场来消化,在国内循环。

以上是中央提出"以国内大循环为主体"新论断的短期原因。

但从我们研究经济学的角度来看,中央提出这一论断更重要的原因在于:"以国内大循环为主体"是经济发展基本规律的反映。

虽然有不少学者把中国经济的发展模式称为出口导向型,但事实是,出口在我国经济总量中的比重最高的年份(2006年)也只有35.4%,略高于三分之一。到2019年,这一比重就下降到17.4%,换言之,2019年中国经济总量的82.6%就已经是在国内消化循环,这意味着我国经济已经是以内循环为主体。

出口在GDP中的比重自2006年以来不断下降,反映了两个基本经济规律。

第一,一国的经济体量越大,内循环的比重就越高;

第二,当服务业在整个经济中的比重不断提高,内循环的比重就会越来越高,因为服务业中的很大一部分不可贸易。

首先,为什么出口占比与经济体量存在负相关的关系?因为现代制造业本身就有很强的规模经济的特征。如果一个小型经济体发展现代制造业,其国内市场容量有限,本土可消化的比重偏小,所以生产出来的产品绝大多数只能出口。反之,如果经济体量大的国家发展现代制造业,国内市场能就地消费的就多，出口比重就低。以新加坡为例，其2019年的出口占经济总量的比重高达104.9%，明显超过其GDP总量，原因是国内市场规模太小，同时出口中的有些零部件是先从国外进口，成品出口之后可能又会计算一次。我国出口占经济总量比重最高的2006年也不过是35.4%，这个比例就得益于中国是个大经济体。

其次，为什么出口比重与服务业有关？同样是大经济体，美国在2019年的出口占其经济总量的比重只有7.6%，原因在于服务业占美国经济总量的比重达到80%，服务业往往有很大一部分不可贸易。所以一国服务业占经济总量的比重越高，其出口比重也一定越低。而服务业的发展水平与一个国家经济发展、收入水平有关。

从上述两个角度分析，我国的出口比重从2006年的35.4%下降到2019年的17.4%，是因为我国这些年经济总量和人均收入水平都得到极大提高，服务业得到良好的发展。2006年我国人均GDP只有2099美元，2019年提高到10098美元；2006年中国经济规模占全世界的比重只有5.3%，服务业在GDP中的占比只有41.8%，到2019年，这两个数字分别上升到16.4%和53.6%。中国经济在世界经济总量中的占比提高了三倍。

展望未来，我国经济还会继续发展，收入水平还会继续提高。随着收入水平的提高，我国经济占世界的比重会从现在的16.4%增加到18%、20%，再向25%逼近。我国服务业占经济总量的比重会从现在的53.6%，逐渐向60%、70%、80%逼近。在这两个因素的叠加之下，我国的出口占经济总量的比重会从现在的17.4%，逐渐降到15%、12%、10%。也就是说，国内循环占我国经济总量的比重会从现在的82.6%逐渐向90%逼近。所以，我国经济现在已经是，将来更会是以国内循环为主体。

中央提出上述论断其实只是澄清了一个事实：中国是一个大经济体，随着我们收入水平的提高，服务业在经济总量中的比重会越来越高，国内循环的比重会越来越大。

澄清这个事实很重要。

此前，国际国内都有不少人宣称中国是出口导向型经济。2008年的国际金融危机，国外很多人归因于全球贸易不均衡，进而又归因于中国推行了出口导向型经济。国内也有类似说法。这都是因为没有看到中国经济的实际情况。

同时，如果再错误地把中国看成出口导向型经济，当中美贸易摩擦或新冠疫情影响出口时，各界就容易判定中国经济要出问题。中央出面澄清我国经济是以国内大循环为主体这一事实，也非常有利于我们认清发展的现实和规律，并增强我们自己发展的信心。在这种状况下，只要我们能够把国内经济稳定好，不管国际风云如何变幻，都基本上不会改变我们整体发展的格局。

国际循环跟过去一样重要

明确提出中国经济以国内大循环为主体，是不是意味着原先我们关于"充分利用国内国际两个市场、两种资源"的说法就不重要了？我认为，国际循环和过去一样重要。

我倡导的新结构经济学强调，发展经济要充分考虑各个国家、各个地区的比较优势。具有比较优势的产业要想发展得好，不仅要在国内市场流通，也应该进入国际市场。

中国是一个大经济体，按照购买力平价计算是世界第一大经济体，按市场汇率计算是世界第二大经济体。按市场汇率计算，2019年中国的经济总量只不过占世界的16.4%，这意味着国际上还有83.6%的市场值得我们关注和开拓。所以，中国有比较优势的产业除了充分利用国内市场、国内循环之外，也要充分利用那83.6%的国际市场。

按照比较优势发展，也意味着我们在很多产业上还不具备比较优势。中国许多自然资源短缺，一些资本、技术很密集的产业与发达国家相比也还不具有比较优势。另外，随着经济发展、工资水平上升，我国的劳动密集型产业的比较优势也会不断消失。

在这种状况下，经济发展要降低成本、提高质量，就应该更多地利用国际市场能够提供的资源。对我国没有比较优势的产业的产品，我们能进口当然要多进口，要利用好包括自然资源、技术资源和劳动力资源在内的国际资源。只有少数关系到国家安全、经济安全的高科技产品，我们可能会被某些国家"卡脖子"的，才作为例外。对于哪些国家可能会卡我们的脖子，也要认真分析。欧洲在高科技产业有比较优势，但并没有卡我们脖子的积极性，中国是全球最大的单一市场，欧洲有积极性将具有比较优势的产品卖给我们。卡我们脖子积极性相对大的是美国。我国发展很快，体量和影响力越来越逼近美国，美国为打压中国发展才会对我们实施技术封锁。然而美国这样做也会牺牲掉利用我国市场来发展美国经济的机会。

我们还要认识到，对那些我国没有比较优势的大多数高科技产品，并非仅仅美国有，欧洲、日本也有。我们要如华为任正非先生所讲，只要买得到，而且买比自己生产更合算就要继续买。这些国家为自身发展考虑，也乐意把这些产品卖给我们。只有美国独有，欧洲、日本都没有，我们实在买不到的产品才需要发挥举国优势自力更生。但我相信这是极少数。

所以我们以国内大循环为主体的同时，一定要坚持国内国际双循环的相互促进。

怎样才能真正循环起来？

如何落实这个论断？怎样才能真正循环起来？

第一，用结构性改革挖掘发展潜力，拉长长板，补足短板。

在我看来，要实现以国内大循环为主体，最重要的是必须让国民收入水平越来越高，让经济体量越来越大。在这种情况下，经济体量在世界的占比以及服务业占经济总量的比重会越来越高，随之而来的必然是出口比重下降，国内循环比重增高。怎样让经济体量越来越大？从经济发展的角度来看，需要不断实施技术创新、产业升级。中国在这方面具有两大优势：

传统产业方面，2019年我国人均国内生产总值刚过1万美元，跟美国6万多美元、德国4.8万美元、日本4.2万美元相比，我们的收入水平较低。人均国内生产总值的背后是平均劳动生产水平、产业技术、产品附加值等方面的差距。但面对差距，传统产业作为成熟产业，意味着我们还有相当大的后来者优势，还能追赶。那些有技术的国家也乐意把设备卖给中国，否则没办法实现其技术价值。所以，我国仍具有通过引进技术实现技术创新、产业升级的后来者优势。因为2010年我国人均国内生产总值按照购买力平价计算是美国的19.2%，才相当于日本在1953年、新加坡在1970年、中国台湾在1971年、韩国在1980年相对于美国的比例水平。利用这种后来者优势，日本实现了二十年每年9.3%的增长、新加坡实现了二十年每年8.4%的增长、中国台湾实现了二十年每年8.9%的增长、韩国实现了二十年每年8.4%的增长。这意味着，到2030年，我们还有8%的增长潜力。

新产业方面，我国拥有前述东亚经济体在追赶阶段所没有的，新经济革命的换道超车优势。

新经济革命的新型产业中，我们跟发达国家在很多方面有条件齐头并进。新经济有的涉及软件，比如互联网、人工智能；有的涉及硬件，比如大疆的无人机、华为的手机。新经济有一个特点，研发周期短，投入以人力资本为主。我国是人口大国，人力资本多。这些新的产业如果属于软件方面，我们国内有最大的应用场景；如果属于硬件方面，我们国内有全世界最大最齐全的产业部门和最好的供应链。所以，中国在新经济革命上具有比较优势。

一个最好的指标是所谓的"独角兽"。"独角兽"指的是，创业不到十年，还未上市，市场估值已超过10亿美元的企业。根据胡润研究院发布的全球独角兽榜，2019年全球494家独角兽企业中就有中国的206家，美国是203家。截至2020年3月31日的全球独角兽企业有586家，中国有227家，美国有233家。这意味着中国在新经济方面具有和发达国家直接竞争的优势。

在供给侧，可以利用我们的优势拉长长板，补足短板。当然，一方面必须靠有效的市场来配置资源、提供激励，另一方面要靠有为的政府来克服产业发展方面的一些市场失灵。

第二，要深化改革，打通国内循环中的一些堵点。

中国改革是渐进、双轨的，各方面改革的速度不一样，现在产品市场基本放开，但要素市场还存在很多结构性的障碍或堵点。

在金融市场方面，实体经济中的农户和民营的中小微型企业，其税收占全国的50%，GDP占70%，就业占到80%以上，但是，其金融需求在国内以大银行、股票市场、金融债券、风险资本等为主的金融体系中得不到满足。金融要实现服务实体经济的功能，在改革中就需要补上为农户和中小微企业提供金融服务的短板。

在劳动力市场方面，要推动户籍制度改革，以利于人才流动。要解决高房价问题，让房价回归"房子是用来住的，不是用来炒的"的定位。

在土地市场方面，最大的堵点是怎样落实农村集体土地入市的问题，增加土地供给，包括工业用地、商业用地和住房用地。政策已经有了，就看怎么推行。

在产权方面，要落实"两个毫不动摇"：毫不动摇地巩固和发展国有经济，同时毫不动摇地鼓励、支持和引导民营经济的发展。要让民营企业在市场上不受因为产权安排的不同而形成的准入或运行方面的障碍。

第三，需要扩大开放，更好地利用国际资源。

在扩大开放方面,过去我们的开放也是双轨制的,有比较优势的产业开放,没有比较优势的产业不开放,现在需要扩大开放来更充分地利用国际资源。

国内要做的是,一方面降低关税,另一方面缩小负面清单的范围,让外国投资能够更好地进入中国。这方面先要扩大自贸区的范围,在自贸区试点成功的政策要向全国推行。这样我们可以充分利用外国资源,包括技术资源和金融资源。

在国际上,中国应该更积极地推动世贸组织的改革,参加一些区域性的经济合作协定。比如RCEP(区域全面经济伙伴关系协定),中国跟欧洲达成的中欧投资协定,并且我们已经表示有意愿加入CPTPP(全面与进步跨太平洋伙伴关系协定)。区域性贸易协定让我们能够更好地利用国际资源和国际市场。

同时,中国的开放还有一个好处,国际上其他国家也能更好地利用中国的市场和资源。中国作为世界上发展最快的市场,能够给其他国家提供发展的机遇,这些国家就不会轻易加入美国封锁中国的行动中。如果美国想孤立中国,被孤立的反而会是美国自己。所以,进一步扩大开放也有利于化解我国目前遭遇的不利国际局面。

总体来讲,面对百年不遇之大变局,我们要保持定力,认清形势,做好自己的事。继续深化改革,扩大开放,充分利用我们的发展潜力。那么,不管国际上有多大的不确定性,中国都可以保持稳定和发展,实现到2035年把中国建设成社会主义现代化国家,到2049年把中国建设成社会主义现代化强国的目标。中国的发展不仅有利于中国,中国的发展也有利于世界。

(本文为作者2020年12月在北京大学国家发展研究院第五届国家发展论坛上的演讲)

如何理解中国经济的双循环

姚洋

双循环是现在的一个热词,但怎么去理解双循环,有两句话非常重要。

第一句是"要牢牢把握扩大内需这个战略基点"。我国扩大内需已经持续了大约十年时间,但是将内需作为"战略基点",把内需提到战略的高度,是一个很大的变化。过去十年里我国的内需已经在增长,而且增长速度比较快。当我们确定要把扩大内需作为一个重大战略时,如何进一步挖掘内需就成为值得好好思考的问题。

第二句话是"加快形成以国内大循环为主体、国内国际双循环相互促进的新发展格局"。中国出口在GDP中的比例于2006—2007年达到顶峰,之后就开始下降。因此,过去十年,国内大循环已经成为主体。这句话要特别强调的是:形成国内国际双循环相互促进的新发展格局。

要好好理解这个重大战略及其意义,我想从三个方面来讲。

第一,2010年以来中国经济的再平衡,也就是国内循环做了哪些事情。在了解这一点的基础上,我们才能更加深刻地理解双循环。

第二,国际环境的变化对中国经济的可能影响。我个人觉得当下的媒

姚洋系北京大学博雅特聘教授,北京大学国家发展研究院原院长、中国经济研究中心主任。

体对这个问题有点夸大,把国际形势对中国经济的影响看得过高。如果按照这样的理解来制定我们的政策,方向上容易出现失误。对国际环境认知问题,我想重点讨论两点:一是"去中国化"是不是发生了;二是有没有或会不会形成两个平行体系。我对这两个问题的回答都是没有。清楚这两个问题之后,我们才能正确地实施双循环,才能实现国际国内双循环相互促进的新发展格局。

第三,在理解前两点的基础上,思考中国接下来应该做什么。

中国经济的再平衡

2001—2010年:狂飙突进的十年

过去二十年,中国经济基本上可以分成刚好相等的两个阶段——前十年和后十年。前十年是经济狂飙突进式增长的十年,后十年是震荡下行调整的十年。

从2001年中国加入世界贸易组织到2008年金融危机,我国出口在这七年时间里以平均每年29%的速度增长,七年增长5倍,外汇储备也激增。从全球范围来看,年均两位数的GDP增长速度无与伦比。北京和很多大城市面貌变化最大的时候就在那十年,城市建设迎来十年的迅猛发展。

另外,那十年也出现了周其仁老师所说的"水大鱼大"。"水大"就是经济增长非常快,"鱼大"指的是巨额财富的创造和集中。中国的财富创造是惊人的,但集中度也高,少数人拥有极多的财富,整个国家的收入分配报告显示,我们的收入分配非常不平均。还有一个问题是结构失衡,表现为储蓄过度、消费占比下降。

2010—2020年：调整的十年

2010—2020年是我国经济调整的十年，结构性变化很大。第二产业占比下降，工业化的高峰已过。当然，工业化高峰过去不代表我们不再发展工业，而是无论从增加值比例还是总量占比而言，第二产业（工业）的比例都在下降，第三产业（服务业）占比上升。同时，出口占GDP的比例，以及出口对GDP贡献的比例，都在持续下降。

如果以GDP的三驾马车来看，消费占GDP的比例在不断上升，储蓄率不断下降，投资和出口增长对经济增长的贡献显著下降。

过去几年里，消费增长对GDP的贡献都在70%以上，已经非常接近美国的水平，高位甚至到75%。因此，可以说内需推动的经济其实在过去几年已经形成，中国已经不再是一个外需推动、投资推动的经济体，国内循环早已经占据主导地位。所以在我看来，再以国内需求推动经济增长的空间也已经所剩不多，这个判断是很重要的。

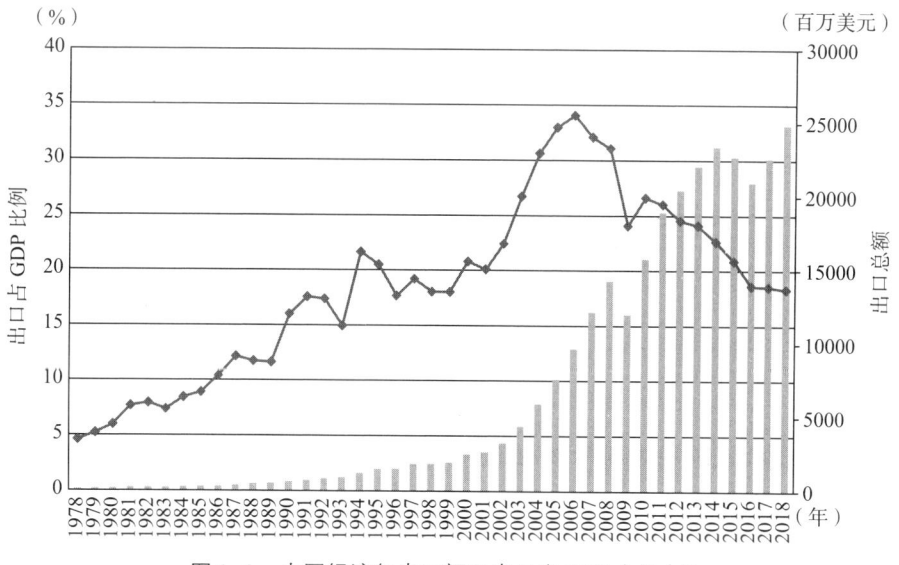

图4-1 中国经济年出口额及出口在GDP中的占比

从具体数据来看，上图曲线是出口占GDP的比例，这条线最高峰是2006年和2007年，之后持续下降。柱状图显示的年出口总额，除了2009、2015、2016三年有所下降，其他年份都在上升。我国现在的出口总额将近2.5万亿美元，是英国或者法国GDP的总量。英法是世界主要国家，还是联合国的常任理事国，中国的出口量和这两个国家的GDP相当，这证明了中国的出口量有多么惊人。

图4-2 中国储蓄和资本形成占GDP的比例

消费占比上升，储蓄占比下降。上图是储蓄和资本形成占GDP的比例，因为储蓄的反面就是消费，储蓄上升了，消费就下降，这是21世纪头十年发生的事情。储蓄下降了，消费占比就上升，2010年是个转折点。

提升国内消费不能靠降低储蓄率

综上可知，提升国内消费的空间是有限的。自2010年以来，我国消费率每年提高0.86%，目前已达到55%。与之相反的是储蓄率降到45%。如果保持这个下降速度，10年到15年之后，我国储蓄率将低于韩国现在35%的水平，而韩国现在的人均GDP是3万多美元，按照可比价格计算，已经超过美国人均GDP水平的一半，但估计15年后中国的人均GDP还达不到美国的一半，要等到2049年或者最快2045年才能达到这一水平。

因此，中国的储蓄率最好不要下降这么快，而是应该努力保持适度的储蓄率，因为经济增长离不开资本积累，技术进步也需要储蓄支撑。韩国的研发投入占本国GDP的4%左右，我国是2.2%。我们作为一个大国当然不需要达到4%，但是按比例算我们仍然低于美国的2.8%。

援引这几项数据想说明的是，国内消费对GDP的贡献已经很高，从占比的角度看，剩余的空间已经不大，但不代表没有结构优化的空间。下一步要提升的重点不是消费对GDP的占比，更不能简单地靠降储蓄来刺激消费，否则容易出现方向性错误。

国际环境变化对中国经济的影响

前面回顾过去二十年的中国经济发展史，尤其是结构上的变化，主要是帮助大家理解中国经济的内在调整。

接下来，还要分析一下中国外部环境的变化，因为外因对中国的影响也很大，这一点同样非常重要。

这一部分主要讲两大问题。

第一，"去中国化"发生了吗？"去中国化"就是企业撤离中国，中国被排除在全球供应链之外。

第二，会形成两个平行体系吗？这是指在技术和金融领域分别形成以中国和美国为中心的平行体系。

先给出我自己对这两个问题的结论，都是否定的。对于"去中国化"问题，世界对中国的依赖度还在提高，而不是下降。对于平行体系问题，我们在技术领域确实已经跟美国有部分的脱钩，但这不意味着我们和全世界都在脱钩。在金融领域，除了中国到美国的投资在下降之外，中国和美国的金融黏性都是有增无减。

为什么说没有发生"去中国化"

中国重回美国第一大贸易伙伴身份

受贸易战的影响，中美贸易2019年降幅很大，比2018年下降了10.7%。2022年上半年仍然在下降，比2019年上半年下降了6.6%。所以这两年下来，贸易战的确使中美贸易有大幅度下降。但是因为新冠疫情，美国和世界其他国家的贸易往来也都出现下降。因此，一个有趣的现象是：2019年因为贸易战，中国已经不再是美国的最大贸易伙伴，但2020年4月份开始，中国又重回美国第一大贸易伙伴的位置。

由此可以看出，所谓美国要跟中国脱钩，其实美国人并没有形成一个统一的战略。这一点是我着重要强调的：美国没有形成一个对华经济和技术的统一逻辑和一致战略。

中美的贸易不平衡在今年急剧上升，也就是美国对中国的贸易赤字急剧上升，因为中国对美国的出口在维持，但是美国对中国的出口下降了。所以特朗普真是搬起石头砸了自己的脚，他的本意是缩小中美贸易的不平衡，但贸易战打下来，实际结果是贸易不平衡不减反增。中国失去的这些出口转移到了东南亚、墨西哥等其他国家，而美国的整个贸易状况没有任何改变，甚至出现恶化。

中国在世界经济中的份额将再度增加

新冠疫情对世界贸易的影响非常大。中国2020年上半年的出口下降3%。但是6—8月份出口正增长非常快，8月份出口已经转正。进口早在6月份就已经转正，8月再度转负是我们国家自己的问题，根本原因是国内需求还没有完全恢复，相对偏弱。

总体而言，全世界的贸易都在下降，GDP也在下降，因此中国在世界经济中的份额将再度增加。

全面的产业链断裂没有发生

全球产业链的确在部分高科技企业身上产生了断裂，也就是美国列入实体清单的190多家，影响非常大。但是总体而言，我觉得形势可控，全面的产业链断裂并没有发生。

如果你问一般的企业是否受到了美国制裁的影响，大部分会说没有。这说明190多家企业、大学占我国经济的份额比较小。即使是华为，我也想强调，2020年9月15日禁令生效以来，美国的Intel还有AMD已经获得了继续向华为供货的许可，这意味着华为的电脑业务和平板业务不会受影响，只有最高端的芯片受到影响。因此，即使从华为一家企业来看，美国政府其实也没有形成一致性措施，并不是非要把华为彻底打趴下，给华为全部断供。

外资企业并未大规模撤离中国

外资企业是不是在大规模撤离中国呢？美国企业基本上是雷声大、雨点小。我们日常用的很多产品都是国外品牌，包括我们引以为傲的中华牙膏，其实也是联合利华的，后者是欧洲品牌。

这些企业愿意离开中国吗？中国这么大的市场，他们绝对不愿意轻易离开。另一个例子是沃尔玛，它利用中国的生产网络以及廉价劳动力，生产了很多产品，卖回美国，卖到全世界。同时，沃尔玛也早已经扎根中国的零售业，甚至深入一些县级城市。他们愿意搬离中国吗？当然不愿意。

日本政府出资150亿元鼓励日资企业撤离中国，但资金规模很小，目前只有80多家企业响应。而且这些企业也未必都是完全搬离中国，只不过回日本再设一个厂而已。

当然，我们经常会看到报道说一些企业正搬到东南亚去，越南对美国的出口已经增长20%，有些中国人开始着急。只要认真看看数据就会发现，中国的出口总量是2.5万亿美元，越南的全部出口只是中国的1/10。越南出口美国所增加的20%，即使全都转自中国，也只能造成中国的出口下降2%，更何况越南的出口增长中有相当一部分是自己内生的出口，并非源于中国的订单转移。另外，越南对美国、欧洲的出口虽然增加，但中国对越南的出口也在增加，因为这是一个生产网络。越南生产服装鞋帽进行出口，需要从中国进口棉纱、棉布，这本质上也是我们服装鞋帽生产的升级，是中国实现了大规模的自动化纺纱纺布，这是好事。我考察过江苏的一个纺织大镇，那里的纺纱企业已经位列世界五百强。所以这样的出口转移，我们没必要过于担心。

中国在世界经济中的份额上升

数据显示，中国GDP和出口占世界经济中的份额一直在上升。按照名义量计算，目前中国占世界GDP约17%，出口占世界的14%。

具体而言，GDP增速方面，2009年中国的GDP总量只有美国的1/3，2019年达到美国的2/3强。世界五百强企业数量方面，2008年中国包括香港企业在内只有37家，还比不上日本，当年日本五百强企业有40多家。2019年我们已经达到119家，2020年达到124家，超过了美国。

我们也有了全球领先的公司，包括技术领先的公司和产量领先的公司。

在技术上领先的有华为、阿里巴巴、腾讯、百度、大疆，十年前我们没有，现在这些企业都进入了"无人地带"；在产量上领先的有格力、美的、联想等，都是各自领域里世界第一的企业。

尽管目前我们的经济增长速度下降了，但是过去十年我们的技术水平在提高，我们的市场在扩大。这是事实。

中国对世界的依存度下降，世界对中国的依存度上升

根据麦肯锡的调查数据，2000年至2017年，世界对中国经济的依存度在提高，中国对世界经济的依存度在下降。

东南亚对中国的依存度也在上升，因为他们生产低端产品，中端产品大多来自中国。东亚地区以中国为核心的生产体系也没有改变，只不过中间做了一些调整。

国际分工和贸易的逻辑没有改变

国际分工和贸易的逻辑，就是一件产品不是由一个国家生产，而是多个国家的企业共同生产。由此形成产品内贸易，而国际贸易中近90%是中间品贸易。

中国的优势除了世界第一的市场规模以外，还有强大的生产网络，拥有联合国工业分类中的全部工业门类。中国的生产能力很强，产业链日趋完善，这方面没有一个国家有能力跟中国竞争。

不仅如此，我们的人力资本和技术水平还在不断提高，还有潜力可挖。

西方国家政府对企业的影响力受限

我们也不能高估西方国家政府对企业的影响力。在西方，政府不能命令企业做事情，政府影响企业的唯一途径就是立法。但是西方国家想要立法，涉及的面很广，需要平衡各种各样的利益，耗时极长。

政府也可以给予企业补贴，但非常有限，因为政府财力有限，同时还涉及利益平衡。以是否脱钩为例，西方企业是不是要离开中国，是不是要跟中国断链，它们自己才是最后的决策者。我们不能只听西方政府说了什么就以为要发生什么。在西方法治程度高的国家，企业没有义务听政府的，反而是企业对政府的影响力不可忽视。

技术完全脱钩不会发生

为什么说技术完全脱钩不太可能发生？我认为有几个现实的问题难以突破。

首先是现代技术的复杂性。一个国家想控制整个产业链几乎不可能。比如，特朗普政府之前发起组建5G联盟，最后不了了之。特朗普甚至还下了一道总统行政令，凡是有华为参加的国际会议，美国企业不能参加。结果发现反而是美国企业被排除在外，因为华为掌握了40%的5G技术，5G技术的会议如果没有华为参加就无法进行。

实力决定了话语权，特朗普政府最后只好取消这条禁令。

其次是标准问题。在现代技术越来越复杂的情况下，统一的标准变得越来越重要。因为一个产品的中间环节是由不同国家生产的，各国必须遵循统一的标准。在这种情况下，想要隔断产业链或者垄断整个技术，难度非常大。

国际标准是由头部企业制定，而不是由国家制定的。以前有个说法，谁掌握了标准，谁就掌握了市场。其实这句话需要一个前提，就是只有技术强大者才能掌握标准。在5G领域，不用国家出面，华为就把标准掌握住了。所以在标准问题上，世界也不可能分成两个平行体系。

最后是美国企业的作用。中国市场如此之大，任何一个美国企业都不可能轻易放弃。华为每年将700亿美元用于对外采购，其中140多亿美元付给了美国的企业。美国高通一半以上的销售都在中国。如果美国再下一道命令说高通不能对中国出口芯片，可能高通很快就无法生存，因为芯片行业全靠销售额支撑，如果没有销售额就不可能跟得上研发和技术的大潮流。正是这一原因，美国对华为的禁令曾经一再延期，现在虽然实施了，但Intel和AMD很快就取得了供货许可，高通也在努力争取许可。

良性竞争是技术领域的最好结局

现在美国采用的是一种流氓手段，我称之为Tanya Hardin手段。Tanya Hardin是20世纪90年代美国的一名花样滑冰选手，她出身工人阶级，滑得不是很好，她的竞争对手出身于中产阶级，滑得要比她好。为了参加奥运会，她买通黑帮把她的竞争对手的脚踝敲坏了。事情很快败露，她的竞争对手无法上场比赛，而Tanya本人不仅无法上场比赛，还进了监狱。这就是杀敌一千，自损一千五。美国现在做的不少事情也基本上属于这个逻辑。

我的判断是，技术竞争不可避免，因为地缘政治竞争是不可避免的。我们要寻求的最好结局，是在统一的标准和规则之下进行开放的、良性的竞争，而不是主动脱钩，自我闭关。

金融也不会完全脱钩

金融会不会脱钩？中国会被排除在SWIFT之外吗？SWIFT是一个多边电报协议，一个多边支付的协助体系，自身并没有支付能力，美国对此也没有控制权，与美元也无直接的关系。

美元结算体系CHIPS、CLS等是美国能够掌握的。只要进行国际贸易或买卖资产中用到了美元，最后的结算都要通过纽约的CHIPS结算。基于这个原因，美国也可以完全把一个交易方排除在外，也可以对其进行监控。

美国是否会把中国排除在美元体系之外呢？对此，我们要换位思考一下，从美国人的角度想想这么做对他们有什么好处和坏处。

不会把中国整体排除在美元体系外

首先，中美之间的贸易额是6000亿美元，如果中国被排除在外，那么中美贸易无法结算，也就无法进行。而且，对美国人来说，用美元的国家越多越好。美元是一个国际硬通货，对于使用美元的国家，美国就可以"割韭菜"。过去五十年中，从1971年布雷顿森林体系开始，美国就不断通过美元贬值的方式来"割韭菜"，1971年，1盎司黄金价值35美元，今天价值高达1900美元，可以想象美元贬值了多少倍。所以从美国人的角度来说，绝对不想把中国排除在美元体系之外。

当然，这并不能否定美国会把我国的个别企业或银行排除在美元结算体系之外，甚至是SWIFT外。这是有先例的，伊朗和俄罗斯的一些银行就被排除在外，但是美国都找到了貌似"正当"的理由，说伊朗违反了伊核协议，俄罗斯兼并了克里米亚。所以我们也要做好应对这种情况的预案，如果美国用某种"正当"理由把我们的个别企业排除在外，我们该如何应对？这一点要提前有所思考和准备。

中美之间的金融联系没有中断

一方面，2020年中国企业赴美上市不减反增，已有20家中国公司在美上市，筹集资金40亿美元，超过了2019年全年在美IPO筹集的35亿美元。

另一方面，美国企业在华投资增加。这得益于我们新的《外商投资法》，很多美国金融企业到中国来开设合资机构，比如PayPal收购了国付宝70%的股份，成为在华第一家在线支付的外国公司。按人民币计算，2020年上半年美国对华投资增长6%，由于人民币升值，如果按照美元来计算，这一增长速度更快。

央行数字货币预期

我国央行现在发展数字货币，这能否应对美国的金融脱钩？央行数字货币的优势是点对点的分散式交割，亦可离线使用，所以如果成功了就可以绕开SWIFT。并且，数字货币使用方便，手机下载APP即可使用。发行数字货币对人民币国际化有辅助作用。

问题是，数字货币根本上仍然是人民币，所以仍然面临人民币面临的所有问题。

有人设想过，在一个平台上跑一个数字货币，两头都是本国货币。比如中国给津巴布韦出口100万人民币的产品，津巴布韦的买家用津巴布韦币换成平台上跑的数字货币，数字货币再换成人民币，所以津巴布韦的买家支付的是津巴布韦币，中国的卖家得到的还是人民币。听上去似乎可行，但仔细一想，这个办法是行不通的。因为中国的贸易是出超的，中国对津巴布韦持有大量贸易盈余，这就会导致大量津巴布韦币积累在这个平台上。鉴于津巴布韦的超高通胀率，用这种办法虽然脱离了美元陷阱，但其实又落入了津巴布韦币陷阱。

举这个例子是想告诉大家，关键还是世界是否接受人民币，需要在人民币国际化之后，我们的数字货币才能起作用。因为数字货币仍然是人民币，没有脱离货币的本质。

中国央行发行数字货币可能有两个理由：第一是为未来的技术做准备，纸币最终会消失，我国每年制造纸币的成本是200亿元到300亿元，发行数字货币也可以节约成本；第二就是与支付宝、微信支付共存，起到补充作用。

实现双循环新格局应该做什么

迎接新的景气周期

未来5年到10年中国经济怎么走？其实，2016—2017年中国新的景气周期已经开始，但由于"去杠杆"和新冠疫情的影响，景气周期被打破。

如果较高水平的增长能够维持，中国对美国的追赶就非常有利。

表4-1 不同假设下的美国和中国经济增长预测

	假设		预测（万亿美元）	
	增长率	通胀率	2025年	2030年
美国	2.20%	2.00%	27.40	33.66
中国				
高预测	6.5%	3.72%	26.07	42.41
中预测	5.5%	3.32%	24.14	36.84
低预测	4.5%	2.92%	22.34	31.95

假设美国的增长率为2.20%，通胀率为2.00%，而中国按高、中、低三种情况预测增长率分别会达到6.5%、5.5%和4.5%。中国以美元计算的通胀率，包括了升值的成分，5年以内中国即使保持6.5%的高增长率也赶不上美国。但是10年之后，以预测的中速度就能超过美国，即使按预测的低增长

率，也跟美国比较接近。

大体而言，中国应该会在2025—2030年之间超过美国，成为第一大经济体。

关键领域要有自主创新

习近平总书记在2020年8月24日主持的专家座谈会上说，越开放越要重视安全，着力增强自身竞争能力、开放监管能力、风险防控能力，练就金刚不坏之身。我个人觉得风险主要在技术领域，技术领域形成自主技术是国内循环的关键。如何搞自主创新？我认为大有可为。

让市场做创新主体

绝大多数情况下，市场应该起决定性作用，是创新的主体。

在常态下，利用国际合作是技术进步的最佳路径，无论如何我们都要争取一个开放共融的国际环境。在关键领域，美国要卡我们脖子，我们的政府就要增加投入。

首先，要科学地确定哪些是关键领域，不能泛泛防止"卡脖子"。比如，圆珠笔的笔头是瑞士的一家小公司生产的，如果它不供应，我们就无法生产圆珠笔。那么，是不是中国就一定要努力自己研制笔头？我认为没必要，"卡脖子"并非唯一标准，关键标准应是这个领域是否足够重要，同时是否面临美国人完全断供的风险。

其次，政府资金最好是雪中送炭，投入那些技术路线比较明确但缺少资金的领域，而不是那些从0到1的创新领域。现在，很多地方政府投大量资金搞从0到1的创新，但失败太多。这其中绝大多数都是在浪费金钱，无任何意义。

芯片领域全工序投入很难

在我看来，芯片要做，但我们是不是道道工序都有能力做？这个问号也很大。

芯片生产有四个主要工序：设计、晶圆材料、晶圆加工、封测。

中国在设计方面已经达到世界先进水平，华为的麒麟芯片，寒武纪陈氏兄弟两个年轻人设计的AI芯片，还有紫光的芯片等都属于世界领先。但是，中国在设计领域只有"半条腿"，因为芯片设计的辅助软件以及很多知识产权都被外国掌握。美国英伟达收购英国ARM，又给我们敲警钟。英国人也反对这次收购，因为这意味着英伟达对芯片设计辅助软件的完全垄断。

即使中国能做辅助软件，IT方面还有很多我们不可能完全做到。

制造芯片的晶圆材料方面，中国高度依赖日本进口。好在我们不用太担心日本卡我们，因为我们和日本之间有更多谈判空间。

晶圆加工有两个重点，一个是光刻机，一个是加工。光刻机方面，中国的领头羊是上海微电子，但与世界领先的阿斯麦相比，我国落后了十年以上。加工方面，中芯国际已经可以做14纳米级，但是与台积电的5纳米级仍有两代技术差距。本来中芯国际订购了7纳米的机器，但是美国动用瓦森纳协定禁止阿斯麦出口。

封测方面，中国的差距相对小一些。

总体而言，想把上述四个领域做全很难。我国现在提出的目标是在2025年把芯片自给率从1/3提升到70%，我认为难度很大。

中国是否要做芯片的全行业闭环？值得慎重考虑，更可行的做法是在一些关键点上先做出突破。

中国不完全掌握最先进的芯片，这对中国经济的影响有多大？短期的影响其实微乎其微。例如，受美国禁令影响，华为可能无法制造最先进的手机，但是国内其他几个手机领头羊如小米、vivo、OPPO没受制裁，这些企业可以购买别人设计的5纳米芯片来制造。总之，对中国的总体影响没有我们想象的那么大，但是对我国技术最领先的企业华为影响会很大。

评判一个企业是不是一个伟大的企业，我的标准就是它敢不敢投资一些目前没有任何商业盈利可能性，但是长远来说对人类的知识积累有益的科研。曾经的IBM是一个，现在的华为是一个。

在技术领域我们要在关键领域搞自主技术，但是要想好具体怎么去做。

提高低收入群体的收入和消费水平

要扩大国内消费，应该怎么做？开头已经说过，全面扩大消费已没有多少空间，最重要的是做结构调整，尤其是提升低收入群体的收入和消费水平。

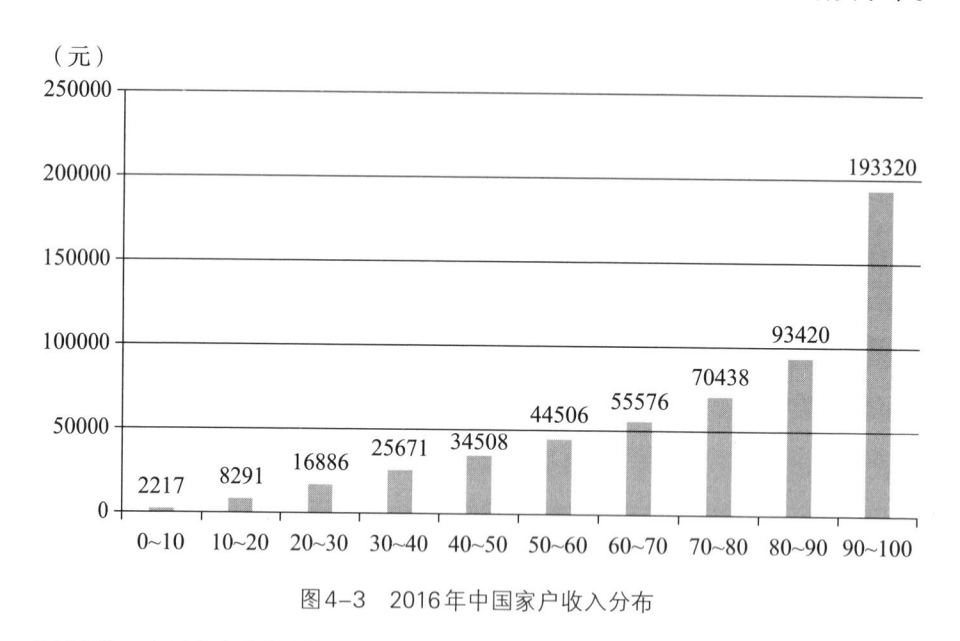

（元）

区间	收入
0~10	2217
10~20	8291
20~30	16886
30~40	25671
40~50	34508
50~60	44506
60~70	55576
70~80	70438
80~90	93420
90~100	193320

图4-3 2016年中国家户收入分布

数据来源：中国家庭追踪调查

这张图是2016年全国的家户收入分配，来自北大国发院的中国家庭追踪调查，我是这个调查的发起人之一。我们从2010年开始做连续性调查，每两年做一次。

从调查结果不难算出，占人口10%的最高收入家庭，其占有全国总收入的35.5%。占总人口50%的低收入家庭，其只占有全国总收入的16%，他们的平均收入不到全国平均收入的1/3。占人口10%的最低收入家庭，其只占全部收入的0.4%，也就是说，最高收入家庭平均收入是最低收入家庭的87倍。事实上，最低收入的那10%家庭人口是在欠债生活，如果不算上住房，他们的净资产是负数。

推进社保体系建设

如何提升低收入群体的消费呢？我们的一次分配已经在改善，而且会继续改善，因为我国经济增长正在向西部地区、农村地区推进。中国城乡之间、东部和中西部之间的收入分配差距最大。在我看来，我国东部沿海地区和世界最发达地区的差距，小于中国西部地区和东部沿海的差距。同时，服务业正在替代第二产业成为非农业就业的主力部门，服务业的工资水平相对高一些，这有利于一次收入分配的改善。

不过，二次分配还需加力。我国的第二个百年目标是到2049年建成社会主义现代化强国，阶段性目标是到2035年全面实现现代化，这是党的十九大提出的目标。除了收入方面之外，我想全民社保是全面现代化的一个必要指标。全面实现现代化了，不能像美国那样还有两千多万人没有医保。我国台湾地区在20世纪90年代末就实现了全民社保，到2035年大陆的平均收入会超过台湾20世纪90年代末的收入水平，我们更有理由实现全民社保。

全民社保的具体措施设想

首先，若想实现全民社保城乡统筹，暂时不能以城市居民所享受的社保及医保作为全国统一的标准，这样难度极大，我的建议是建立统一但分级的社保体系，也可称为菜单式社保计划。

其次，是建立临时性贫困人口救助体系。新冠肺炎疫情凸显了社保体系的漏洞，许多失业人口和半失业人口没能得到及时救助，这也是我国现在消费增长比较慢的原因之一。目前，我们消费的复苏远远低于我们生产面复苏的水平。

低收入人群的消费对社保非常敏感，我们的研究表明，加入新农合后，低收入农户的消费可以增加10%~20%，只有在获得保障之后他们才敢去消费。

因此，我们未来在消费上的调整应该是结构上的调整。

加速城市化步伐

我国城市化滞后，应该加速城市化步伐。目前，我国名义城市化率是60%，但是这包括了那些进了城却没有城市户口的人。如果把这部分人去掉，我们的城市化率不足45%。同时，农村人口占全国总人口的40%，但农村劳动力只占全部劳动力的28%。按劳动力占比算，我国真正的城市化率应该达到72%以上，恰好是日本20世纪70年代、韩国20世纪90年代中期的水平，并且，我国现在的人均收入和这两个国家那时候的人均收入相当。

中国下一步的目标是到2035年城市率达到75%~80%，"十四五"期间及之后的城市化率相应增速每年应该达到1.3%~1.4%。然而，过去这四十年每年的城市化率增速才1%左右，我们的城市化速度应该再加快一些。

城市化怎么推进呢？我建议发展以大都市为中心的城市群，而不仅仅是大都市。所有国家的城市化都是这样的过程，所谓"大集中、小分散"。人口会向少数城市化区域集中，在这个城市化区域里面又会分散。

目前区域城市化或城市群发展得最好的是珠三角和长三角，区域内有巨型城市、大型城市、中等城市，还有很多小城市，形成一个城市网络。中国几大城市群未来最终可能集中我国60%~70%的人口。

小结

首先，不要把底线思维变成常规政策。我们确实要防范国际上可能越来越多的风险，为此做充足的准备，但也不能把这个底线级的准备变成常规政策。我们在20世纪60年代基于底线思维搞过三线建设，因为要应对可能的战争，把很多经济建设挪到了西南地区，但后来把战争风险解除之后，底线思维演变成了常规政策，这些经济建设最后基本上全失败了。

其次，以国内循环为主不等于不要国际循环。以更大的开放来对冲围堵，才是正解。在金融领域让美国更多的金融企业到中国来设立独资企业，以增加美国脱钩的成本。

最后，在国际舞台上，我们应该建立以规则为基础的新交往方式。有人说现在我国在国际上的一些外交困难是因为我们没有坚持韬光养晦的政策。我认为这种判断是不对的。今天想坚持韬光养晦已经行不通了，十年前我们给中央的一个报告中就写：大象难藏身于树后。以前我们是一只小绵羊，躲在树后没问题，现在是一头成年的大象，树已经挡不住我们了，再韬光养晦已不可能。

我们一定要有所作为。以前我国是国际规则的接受者，很多规则对我们不利。现在，美国想重构全球化，重构世界秩序，很多问题出现是由于美国就冲着中国来。我们应该抓住这个时机，跟美国人去谈新的世界秩序，让这个秩序成为新的国际秩序，这方面的空间还很大。当然，在这个过程中，我们要改变心态，要做好牺牲一些自己利益的准备，因为规则制定者肯定不能像以前一样只讲自己的利益，而要讲全球的利益。我想中国已经做好了这个准备，我们在"一带一路"上已经承担了许多核心义务，在规则制定方面我们也同样可以承担更大的义务。

（本文为作者2020年9月在九三学社第36期发枝荟沙龙暨北京大学国际发展研究院公开课第14期上的演讲）

以持续的开放政策支持形成"双循环"格局

黄益平

与"十四五"规划相关的一个重要的政策思路,是以"双循环"为核心的经济发展新格局,即以国内大循环为主、内外循环相结合。实际上,自全球金融危机以来,我们的政策一直在倡导更多地依靠国内需求来支持经济增长。当然,现在说国内大循环,除了需求,还有供给,两个方面结合起来才能构成循环。

中国生产-美国消费的旧平衡不再

经济学分析经济的推动力量,常用"三驾马车"的概念,即出口、投资、消费。改革开放的前30~40年间,可以看到中国经济发展最主要的推动力量,第一是出口,第二是投资。

我们储蓄率和投资率都很高,但消费相对疲软。比如,从2000年到2010年,总消费在GDP当中的比重从62%下降到47%,10年下降15个百分点。投资很强劲,这在短期内能够支持经济增长,之后则形成庞大的生产能

黄益平系北京大学博雅特聘教授,北京大学国家发展研究院院长,北京大学南南合作与发展学院院长,北京大学数字金融研究中心主任,央行货币政策委员会委员。

力。再结合消费相对不足，就容易造成产能过剩问题。产能持续过剩，就会影响投资回报，经济增长很难持续。不过，中国改革开放的头30年，和世界经济的全球化进程高度重合。尼克松1971年把黄金和美元脱钩，世界各国从固定汇率走向浮动汇率，事实上形成了全球化的起点，跨境资本流动和货物贸易变得越来越活跃。

在相当长的时期内，国内潜在的过剩产能的压力其实是通过大量地出口到国际市场而被缓解了。美国经济结构正好成了中国的镜像，中国是高投资、高生产、弱消费，因此，经常项目顺差越来越大。美国则恰恰相反，低投资、低生产、高消费，经常项目逆差越来越大。中国的很多产品都出口到了美国，两者达成了一定的平衡。这样看来，中国在改革前期的经济增长确实高度依赖国外经济大循环。

为什么单靠外需会越来越难

这样一个高度依赖外部需求的增长模式已经变得越来越难持续，主要是三个方面的原因。

第一，西方发达国家特别是美国的经济增长速度不断下降，对中国及很多新兴市场国家产品的需求难以继续保持稳健增长。

第二，中国在国际市场开始遭遇一些政策挑战，尤其是过去两三年，中美贸易冲突频繁，中国出口产品所面对的关税税率不断提高。

第三，中国从小国经济变成大国经济。现在中国到世界市场上去买什么，什么就会变贵；卖什么，什么就会变便宜。这也是为什么在二三十年前，中国不是欧美国家贸易争端的主要对象。也就是说，不管中国做什么，都可能对国际市场造成比较大的影响。如果继续维持之前的出口增长速度，面对的政策挑战会越来越大。

综合这些因素来看，要像过去那样持续地靠外部需求支持中国经济增长变得越来越困难。这也是为什么自全球危机以来，我们一直强调要更多地靠国内需求来支持经济增长。实际上是希望国内消费成为中国经济的主要推动力量。

国内消费持续增长靠什么？

在新冠疫情暴发和经济恢复期间，国内消费复苏其实还是有难度的，一个重要原因是很多低收入人群受到疫情很大冲击，使消费复苏成为一个两极分化的新故事：高收入人群的消费出现报复性反弹，包括一些奢侈品、房地产、汽车的消费，确实有很明显的反弹，但低收入人群的消费还没有完全复苏。

从这个角度来看，中国消费要想持续增长，还有很多工作要做。

第一，社会保障体系需要进一步完善。

第二，收入分配有待进一步改善。现在消费市场的两极化表现，归根到底是因为有钱人消费倾向本来就高。低收入人群虽然也需要消费，但没有足够的收入，这使得收入再分配问题变得更加突出。

第三，挖掘城市化发展的潜力。过去几年，北大国家发展研究院和布鲁金斯学会一起做了一个研究，看未来30年，尤其是面对人口老龄化趋势，中国的消费还能不能持续增长。我们发现城市化有着巨大的潜力。中国农民的人均消费只有城市居民人均消费的一半，这意味着未来30年如果能进一步推动城市化、让更多农民进城，消费依然大有可为。这也是我们将来"双循环"中内循环的重要内容。当然，国内大循环不仅涉及需求问题，还关乎供给问题。

第四，经济增长模式转型。要靠创新支持经济增长，中国经济增长模式要从过去的要素投入型转向创新驱动型，这就要好好挖掘创新的潜力。

保持和推进开放是双循环的关键

我个人的看法是"双循环"是顺应经济发展规律提出的战略，既是大势所趋，也是必然的选择。不过在国际市场上也确实有一些疑虑，一些国际投资者担心"双循环"意味着将来我们会走向内向型的经济，不再持续地对外开放。

在打通和做强国内大循环的同时，还是要坚持开放政策，甚至要不断地推进更高水平的开放，这其实是真正实现"双循环"良好运行的关键。更多靠国内经济循环，并不是说将来就完全靠国内循环支持长期增长，而是需要进一步开放，进一步融入世界经济。

金融开放可能是我国过去这几年开放政策中的一个突出亮点。对于金融领域的开放，政策力度非常大，这点已经获得了很多国际投资者的高度认同。即便在和美国贸易冲突非常尖锐的时候，我国政府还在坚定不移地推进金融服务业的开放，这是一件非常了不起的事情。

外资进入中国金融服务业的门槛在不断地降低，原来很多持股比例的要求也被取消。整个金融服务行业，包括投行、资产管理、评级等领域，都在不断地开放。这已经极大地增强了国际社会特别是国际投资者对中国将持续实行开放政策的信心。

用创新和开放面向未来的不确定性

面对种种不确定性，我们能把握的就是基本原则有如下几点。

第一，在大方向上，中国的政策重点会转向国内经济大循环。依靠国内经济大循环支持国内需求，中国14亿人的消费需求增长，可能是下一个世界级的经济故事。当然，在这其中我们还需要做很多具体工作来支持消费者的信心，提高他们的收入，并通过推进城市化等举措支持国内消费更快地增长。

第二，我们要坚定地支持创新，尤其是金融部门的创新变得非常重要。我们的金融体系在历史上比较擅长支持要素投入型的增长，如何支持创新驱动型的增长，一直是巨大的挑战。银行要转型、资本市场要发展，包括现在的数字金融要想获得更长足的发展，都对国内金融体系的转型提出新要求。

第三，我们要坚定地保持和推进开放。好消息是决策部门确实没有停下金融服务业开放的步伐，这给了世界中国继续保持开放的信心。坏消息是金融开放也会提高经济发展的不确定性，包括金融系统本身的不稳定性，这方面需要政府做出科学的预案，包括对潜在的大进大出跨境资本采取一定的措施，借用经济政策里的术语就是宏观审慎。如果能对可能增加的风险提前做好预案，就能更好地推进金融开放和创新，以支持国内经济实现持续稳定的高质量增长，通过良好的"双循环"实现中国经济全面现代化的目标。

（本文为作者2020年11月在《中国经营报》社和中经未来联合主办的"2020中国企业竞争力年会周——2020卓越竞争力银行峰会"上的演讲）

"全国统一大市场"有什么用？

赵波、周安吉

2022年4月10日，国务院提出《中共中央 国务院关于加快建设全国统一大市场的意见》（下称《意见》），引起全社会的关注。"全国统一大市场"首次出现于2021年12月17日中央全面深化改革委员会审议通过的《关于加快建设全国统一大市场的意见》的文件中，后又于2022年3月5日在第十三届全国人民代表大会第五次会议上《政府工作报告》中被提及。下面笔者针对《意见》进行一些解读。

如何进一步提高市场效率？

我国社会主义市场经济体制的基本特征就是市场在资源配置中起决定性作用。近年来中国的经济增速放缓，为了畅通大循环、构建新发展格局，根本上需要通过进一步提高市场效率促进经济增长。《意见》从七方面提出了提高市场效率的措施。

1.强化市场基础制度规则统一：保护产权、平等准入、公平竞争、健全信

赵波系北京大学国家发展研究院长聘副教授；周安吉系北京大学国家发展研究院校友。

用体系。

2.推进市场设施高标准联通：加强物流基础设施数字化建设、统一产权交易信息发布、整合公共资源交易平台。

3.打造统一的要素和资源市场：加快建设统一的城乡土地和劳动力市场、资本市场、技术和数据市场、能源市场、生态环境市场。

4.推进商品和服务市场高标准统一：健全商品质量体系、完善标准和计量体系、提升消费服务质量。

5.推进市场监管公平统一：健全监管规则、加强监管执法。

6.进一步规范市场不当竞争和市场干预行为：反垄断、反不当竞争、破除地方保护和区域壁垒、废除不平等进入和退出、清理招标和采购的不当做法。

7.组织实施保障：坚持党的领导、完善激励约束机制、优先推进区域协作、建立部门协调机制。

"市场"和"政府"的职能如何分工？

《意见》指出处理好政府和市场的关系，使市场在资源配置中起决定性作用，更好发挥政府作用，即"有效市场，有为政府"。政府通过"有为"来减少市场中不完善的地方和扭曲，从而实现市场的"有效"。

具体来说，提高效率的七方面的措施中，1、2指出了政府可以从哪些方面完善市场经济制度的建设；而3则从要素市场的角度提出提高效率的手段；4、5、6、7提出了政府如何对于市场经济活动进行监管。上述七方面覆盖了生产的各个环节，较为全面地概括了有为政府在市场经济中的作用。

基础制度对于市场的重要性

制度是市场经济高效运行的基础，是经济增长的重要动力之一。完善的制度有助于降低交易费用和执法成本，提高市场配置资源的效率。

首先以产权保护为例，2021年开始实行的《中华人民共和国民法典》明确物的归属和利用产生的民事关系，提出国家"保障一切市场主体的平等法律地位和发展权利"。但操作过程中，产权保护实践上仍然具有重公有、轻私有的现象，因此《意见》提出进一步完善依法平等保护各种所有制经济产权的制度体系。以近年来国内外高度关注的知识产权保护问题为例，我国着力解决执法标准统一性问题，实现知识产权案件跨区域管辖，解决利益纠纷，在北京、上海等地陆续设立知识产权法庭，体现了解决知识产权司法诉讼与仲裁问题的尝试。

再以市场基础设施建设为例，实现全国统一大市场，促进商品在全国各省的流动，从外生交易费用的角度来看，需要降低物资运输的"冰山成本"，其体现在直接物流成本、运输时间成本、货物运输损失成本等成本项中。对此，《意见》指出"推动国家物流枢纽网络建设""促进全社会物流降本增效""完善国家综合立体交通网"，通过促进物流企业的供给端增效、国家交通系统等基础设施的完善，进一步降低商品流通成本，实现市场的高效衔接。而这一理念早在2018年国家发展改革委和交通运输部印发的《国家物流枢纽布局和建设规划》中便已有相关部署，可以说这一政策目标对有关企业来说并不陌生。

统一资源和要素市场的重要性

市场经济体制下，要素价格反映了其稀缺性和对于生产的贡献，让市场作为配置资源的基础，利用"看不见的手"吸引生产要素配置在最需要的企业、行业和地区，例如资本退出低回报率部门、前往高回报率部门，人口从低收入地区前往高收入地区。当要素在价格信号下重新配置之后，生产的效率也自然实现了提升。现实中，如果要素市场在流动过程中存在壁垒，要素价格被扭曲，阻碍了要素的自由流动，"看不见的手"就失灵了。要改变这一结果，就需着手破除要素流动的"堵点"，建设统一的资源和要素市场，其中重要的要素市场包括土地、劳动力、资本、技术、数据、能源、生态环境市场等。

以劳动要素市场为例，截至2022年，我国常住人口城镇化率已经达到64.7%，但户籍人口城镇化率却只有46.7%，仍有接近18%的常住人口和户籍城镇人口的缺口，全国有2.5亿农村外出务工人员及其随迁子女没能实现在工作地"落户"，农村劳动力的"自由流动"仍然存在着诸多壁垒，造成农村外出务工人员无法享受工作地的社会保障，比如失业保险、医疗保险等，他们面临着较高的风险，但未受福利系统托底；其随迁子女因为"落户难"而较难在城市享受高质量教育，降低了教育回报率，导致教育投入不足。农村外出务工人员在城市生活还面临教育花费高、看病难、房租较高等问题。这些问题和压力给农村流动人口带来了不小障碍。按照测算，假如按发达国家90%的城镇化率，我国距离这一目标的实现还有近3.6亿的城乡人口缺口，更多的农村人口需要被城市就业岗位吸纳。降低壁垒、让农村外出务工人员成为新市民是统一要素市场改革迫切需要解决的问题。

"统一大市场"与共同富裕目标的关系

中国的改革是渐进式的，政策的实施和新制度的建设往往先选取试点，再逐步推行，比如经济特区、自由贸易区等。发展目标在于让一部分人和地区先富起来，通过先富带动后富，最终实现共同富裕。经过改革开放以来40多年的经济发展，区域与城乡之间、不同所有制形式之间、不同要素所有者之间的收入差距逐渐突出显现。建设统一的市场有助于统筹区域平衡发展，降低甚至消除造成上述差距的因素，从而更好地实现共同富裕的目标。

我国各省和直辖市的经济增长有趋同的趋势，人均GDP落后省份的经济增速要更快，这使得改革开放以来各省之间的收入差距在缩小。但城乡收入差距持续存在，农村居民的纯收入只有城镇居民可支配收入的一半左右。要缩小地区、城乡、所有制形式和要素禀赋之间的收入分配差距，实现改革成果的共享，就应着手破解造成上述这些差距的因素。

市场监管公平统一的难点

中国的中央和地方的权责划分一直是个难点问题，既要激励地方政府发展经济，允许地方政府对经济政策有更大的决定权，在统一大市场下，又不可避免地要削弱地方在一些领域制定政策的权力。

统一的市场准入制度

《意见》强调充分发挥市场在资源配置中的决定性作用，体现为在"应放、应松"的领域，强化竞争的基础地位，让多种所有制经济和多市场主体在市场中竞逐。但同时，对于涉及国民经济命脉和国家安全的重要行业和关键领域，国家又要通过设置准入门槛的方式予以规制保护。不过在我国经济政策的实际贯彻过程中，某些行业是市场竞争和规制保护之间的"灰色领域"。尽管中央有关文件要求"非禁即入"，但地方政府在贯彻落实过程中，仍存在通过增加行政许可程序来变相收取费用、抬高壁垒的行为。这提高了企业运营的难度，影响企业投资信心，同时也阻遏了资源的高效利用。

对此中央引入市场准入负面清单制度,通过"全国一张清单",优化营商环境,提供市场稳定预期,实现市场主体间的更充分竞争,对地方的"加码行为"予以约束。3月28日,国家发展改革委、商务部印发《市场准入负面清单(2022年版)》,要求地方政府切实履行政府监管责任,建立违背市场准入负面清单案例归集和通报制度,深入开展市场准入效能评估试点,扎实做好清单落地实施工作,实现市场准入制度的制度化、科学化、精准化,助力全国统一大市场的形成。《意见》对此的再度强调,也体现了这一制度的重要性。

破除地方保护主义

地方保护主义的现象由来已久。我国的财税政策中"财税包干"和地方税设置,使得地方财政情况经常与地方国有企业运营情况直接相关,地方企业和政府结成利益共同体。同时,部分地方国有企业改革滞后,缺乏市场竞争力和创新能力,为了扶持地方企业,帮助"无自生能力"的企业在市场中存活,进而改进本地区的财政状况,地方政府往往会有执行地方保护主义政策的动机。上述问题的根本原因在于有关地方保护主义问题的立法工作较为滞后,对地方政府的保护主义行为缺乏法律约束,且界定、惩处上述行为具有操作上的困难。故而地方保护主义政策仍是我国市场经济运作过程中存在的一大"堵点"。

以新能源汽车行业为例,随着"双碳"目标的提出,新能源汽车自然成了汽车市场的"桥头堡"。巨大的市场空间和潜在利润,吸引国内外诸多汽车厂商竞逐。各地不同程度地出现设置"隐性条款"限制外地品牌的现象,通过定向高额补贴省内生产的新能源汽车,而对外地企业不进行补贴,扶持当地企业在地区内做大。某些地方实行的"备案管理制",即对市内市场准入车辆进行备案审批的制度,尽管一定程度上确实支持了地方企业发展,但也造成了效率损失，影响了企业间的合理竞争。

目前，工信部计划加速清理地方保护政策，今后，各个试点城市原则上不能有限制企业准入和产业准入的独立目录。全国要扎实建立统一市场、统一目录。除此之外，国家在扶持新能源汽车企业创业模式、加大新能源汽车在公交车等公务领域的推广、扶持新能源汽车的技术研发等方面也将会有新的政策出台，帮助新能源汽车在各地实现发展。

（本文为作者2022年发表在网易财经智库上的文章）

第五篇章

新挑战

如何洞察和应对新征程上的新挑战

潜力与定力

中国走向世界经济强国的四个严峻挑战

姚洋

2049年是重要的战略节点

2049年对中国来说,是一个非常重要的时间和战略节点。按照我们党提出的"两个百年目标",我国将在中国共产党成立一百年时全面建成小康社会,在新中国成立一百年的2049年时建成社会主义现代化强国。

在这个过程中,我们会遇到什么样的挑战?从国际环境看,我国未来三十年所面临的增长环境将和过去四十年完全不同,大象难以藏身树后,但我们并没有全面做好大国战略,尤其是还没有为未来担当世界的领军者做好准备,整个世界也没有为中国的新角色做好准备,这可能会带来全新的挑战。

同时,我国内部也存在着诸多新挑战。在人口方面,我国面临着非常严重的人口老龄化趋势,这一趋势恐怕会超出我们的想象。在可持续发展方面,习近平总书记在第七十五届联合国大会上提出中国将提高国家自主贡献力度,采取更加有力的政策和措施,二氧化碳排放力争于2030年前达到峰

姚洋系北京大学博雅特聘教授,北京大学国家发展研究院原院长、中国经济研究中心主任。

值，努力争取2060年前实现碳中和。现在我国碳排放还在上升，煤炭在我国全部能源中的占比仍然在60%~70%。我们在未来十年之内能否让碳排放达到顶峰，然后开始下降，这是一大挑战。

不仅如此，我们国企改革和金融领域的改革都没有完成，下一步的经济增长需要更好的企业结构和金融结构。这些都是我们要面临的挑战。

开放的研究与战略的远见更加重要

北大国发院作为中国高校智库的领军者和国家高端智库的杰出代表，更有责任以世界眼光研究中国重大且长远的战略问题。《中国2049》报告就是北大国发院和美国布鲁金斯学会合作的项目。

布鲁金斯学会是美国第一的智库，也是世界最顶尖的智库之一。北大国发院之所以找布鲁金斯学会合作有两方面的考虑：一方面是希望我们的研究报告不仅在国内出版，而且要在国际上出版，而布鲁金斯学会有自己的出版社。这个报告的英文版2019年已由布鲁金斯学会出版，中文版2020年出版。

另一方面，我们认为，未来三十年的挑战很大程度上来自国际环境的变化，我们希望了解从美国的角度如何看待中国所面临的挑战。同时，我们和布鲁金斯学会的这种学术交流也证明，在中美关系恶化的前提下，中美两国的合作其实并没有停止。中美两所非常知名的智库现在仍然能够走在一起，共同为中国的远景做一些研究，这本身就是有意义的。

未来三十年的重大挑战

在这项有战略前瞻意义的研究项目中，我们首先回顾了新中国七十年的增长，在此基础上展望未来三十年面临的挑战。

过去七十年基本上可以分为前三十年和后四十年，那么如何看待这两个阶段的发展？是完全割裂开看，还是连起来看？我认为这对于我们理解新中国的历史，对于我们总结一个发展中国家的赶超经历，以及对于我们如何走好下一步的路都是有意义的。《中国2049》报告里提出来，应该把前三十年和后四十年连起来作为一个整体去考虑，而不是割裂开看。

前三十年：为经济腾飞奠定基础

前三十年我们犯了很多错误，但我们已有过很好的总结，1981年《关于建国以来党的若干历史问题的决议》里面写得很清楚，在政治上已经有了结论。

在经济方面，前三十年至少有两方面的成就对于后四十年的经济起飞起到至关重要的作用。一方面是奠定了坚实的工业基础。举一个简单的例子，现在全世界的造船业大概80%的吨位是在中国造的，而我国的万吨巨轮是在20世纪60年代下水的。如果没有那时候奠定的重工业基础，我们不可能拥有今天在世界造船业的地位。前三十年我们通过艰苦卓绝的努力奠定了一定的经济基础。

另一方面，前三十年在人类发展指数方面也做得比较好。如果和印度比较，能更加清楚地看到中国在人类发展方面的成就。比如，1978年我国人均寿命已经达到66岁，印度比我们少10岁左右。我国识字率在1978年已接近70%，印度比我们少20个百分点。所有这些对我国后四十年的经济腾飞都有着积极的影响。

改革开放四十年：新古典增长理论的灵活应用

后四十年的成功在于什么？当剥离开所有的东西，会发现万变不离其宗，我们的成功没有离开新古典经济学阐述的理论。第一是储蓄的增加，一个国家没有储蓄、没有投资，是不可能发展的。第二是人力资源水平的提高，包括劳动力数量和质量的增加。第三是技术水平的提高。很多人说我国经济是在没有技术进步的前提下发展起来的，主要靠的是资本积累和劳动力供给的增加。这种说法不对，因为数据显示，过去四十年里的技术进步（此处指在刨除劳动和资本的增长后剩下的全要素生产率的效率改进）对中国经济的贡献是40%左右，这已经达到了发达国家的水平。

从这方面来讲，可以把过去四十年中国的超高速增长归因于中国比较明智地把新古典经济学所倡导的经济政策建议灵活应用到了中国的现实当中。这一结论在经济层面是没有问题的，只是《中国2049》报告里没有去展开讨论这背后的政治经济学原因。

未来三十年：中国千年以来的高光时代

未来三十年我们应如何判断？应该把未来三十年放在什么框架中理解？我自己的理解是，未来三十年将是一千年以来中国的高光时代。

过去的两千年当中，中国前一千年是上升的，后一千年基本上是停滞甚至衰退。如果站在历史大维度上衡量，中华民族的伟大复兴从1949年就已经开始，不是从1978年开始的。也就是说，到2049年，我们将用一百年的时间完成中华民族的伟大复兴。而未来这三十年是中华民族伟大复兴的最后冲刺阶段，将是中华民族过去这一千年以来最高光的三十年。

四个严峻的挑战

当然，未来三十年我们面临的挑战也是严峻的，至少有四大挑战是很严峻的。

社保能否支撑数亿人的同步老龄化

中国人口老龄化的挑战巨大。1962—1976年是我国的"婴儿潮"时期，这期间出生的人口约有三四亿，这批人的老去将会给我国带来前所未有的挑战。《中国2049》报告里发现，这个挑战主要不在于劳动力的供给方，因为劳动力供给大概率会被AI和自动化所替代；挑战也不在于需求方，因为我国的城市化水平还比较低，而城市化水平的提高可以在一定程度上弥补老龄化造成的消费下降，"未富先老"在某种意义上反倒存在一定的利好。事实上，老龄化对中国未来30年最大的挑战在于社保，会非常考验我国社保是否有能力承担数亿人的集体老去。

产业结构调整能否支持减排和可持续发展的硬目标

减排方面，前面提到习近平总书记在联合国大会上明确提出的目标，以前我们搞环保和减排的要求是有一定弹性的，但目标宣布之后就不会有任何弹性了，成了我们必须完成的任务，否则我们会对全世界失信。

我个人的判断是，未来5到10年，中国经济的发展方向会发生显著的变化，节能减排和可持续发展会被提到非常高的高度，很多产业恐怕因此会消失，整个产业结构会发生重大的变化，我们的企业要做好这方面的准备。

国企和金融改革任重道远

国企和金融改革方面，虽然我们改革已经四十年，但在所有制方面还没有形成比较稳定的产权结构。这是一个挑战。

在金融领域，我们的差距更大，可以说改革最不彻底同时对经济又极其重要的领域就是金融领域。我们的金融，无论是对外开放还是对内开放都比较缓慢。2010年之后，金融领域特别是影子银行领域做了一些改革，但是效果并不如意，所以过去两年又有一轮"去杠杆"。如何才能使我们的金融既能保持活力，同时又不会产生类似2010—2017年那样的风险，在我看来这都是巨大的挑战。

在国际环境中有所作为，转变角色

最后是国际环境的变化，一方面是美国对我们态度的改变，另一方面也包括我国自己体量的变化。以前我们的战略是韬光养晦，但现在我国的体量已经太大，"大象难藏身于树后"，我们已经没有了韬光养晦的空间。环境已经完全变化，国际社会也早已经不允许中国继续韬光养晦，所以，我们的重点一定要转向有所作为，这也是中央已经做出的转变。

下一步的关键是如何才能更好地有所作为，特别是在迅速变化的国际环境中有所作为。

在未来的国际舞台上，我们要从规则的追随者变成规则的制定者，这个挑战是巨大的，涉及很多方面的改变，甚至是哲学层面的改变。我个人认为，我们国家还没有完全准备好。这也意味着未来三十年最大的挑战恐怕来自国际环境的不确定性，在一个高度不确定的国际环境中，中国以什么样的姿态参与国际环境的重构？中美之间这几年的贸易战和诸多摩擦、变化，再加上美国在大量地"退群"，给中国客观上带来了一个参与新的国际秩序的制定和维护的机会，但这同时也非常考验我们与全世界不同国家开放融合的定力和智慧。

（本文为作者2020年10月在北京大学国际发展研究院第147期"朗润·格政"论坛上的演讲）

理解碳达峰碳中和目标的三个维度

徐晋涛

2015年，第21届联合国气候变化大会上，产生了较有约束力的全球协议《巴黎协定》。我认为该协议有两个关键成果。

一是参加大会的所有国家都接受，到21世纪末，将全球表面升温控制在2摄氏度甚至1.5摄氏度水平。这意味着关于气候变化的科学争论以及政治争论告一段落。

二是主要碳排放大国都提出自主减排承诺。这非常不简单，因为此前，或2009年哥本哈根大会之前，发展中国家和发达国家的立场非常不同。有了自主减排承诺，意味着中国、印度等国的立场有180度转变，全球气候协作才成为可能。

不过，这两个成果也有遗憾之处，即排放大国自主减排承诺加在一起产生的结果，与2摄氏度目标相比还有非常大的鸿沟。如果仅满足自主减排承诺，21世纪末地球表面升温不可能是2摄氏度、1.5摄氏度，而可能是3~6摄氏度。所以大会提出，2020年主要排放国重新盘点自主承诺，加起来能与1.5摄氏度目标接轨。

徐晋涛系北京大学国家发展研究院原副院长，北京大学环境与能源经济研究中心主任。

2020年中国在自主减排承诺方面有巨大改进,中国在联合国向全世界宣布了2030年实现碳达峰和2060年实现碳中和的"双碳"目标。这与此前的承诺相比,文字差别不是特别大,但实质内容差异非常大。

对于碳中和,这是第一次明确提出终点条件。我们研究资源经济学、动态规划,都知道终点条件的变化影响整个规划期内各阶段的行为。确定碳中和的终点目标,排放轨迹就要发生很大变化。如果仅有2030年碳达峰这一目标,企业会想2030年之前可能还是高碳行业的增长窗口期。而设定碳中和目标后,则意味着利用2030年之前窗口期进一步发展高碳行业的可能性会小很多。投资界、企业界会注意到,要到21世纪中叶实现碳中和、近零排放,2030年之前一定会更加强调低碳工业、可再生能源和非化石能源。

关于碳达峰碳中和目标,我认为如下三个维度都值得关注。

第一,能源结构必将深刻调整

过去,能源部门对能源结构调整已经有一些布局,着重发展了一些可再生能源,但由于可再生能源发电不稳定、空间分布也不均匀,所以又发展了火电厂为可再生能源调峰。当然,也有一些地方一直依靠传统动能发展经济。"双碳"目标的提出,意味着对于化石能源的发展需要比较深刻的再思考。

从国家战略角度看,可再生能源发展应该会迎来非常大的发展机遇。

2012年,我在世界银行一次会上听到德国绿党首席经济学家讲德国能源前景,2050年基本实现以可再生能源支撑经济发展,化石能源基本退出,完全退出核能发展。当时这是非常令人震撼的能源发展目标。他讲完后,世行欧洲部首席经济学家补充说道,德国目标雄心勃勃,但不要忘了,要实现此目标,背后的基础是中国技术,因为德国可再生能源如光伏、风能设备皆来自中国。

之前我参观过北大国发院校友所在的企业金风科技——全球第三大风机生产厂,销售覆盖全球30多个国家。我们自己的技术、设备已经在支撑多国绿色低碳发展,没有理由不成为中国绿色低碳发展的主力军。我们目前的技术条件,加上企业的努力,使得成本已经在不断下降,而且已经足以占据竞争优势。2021年以来,可再生能源补贴退坡,说明已经具备市场竞争力,经济上也更加可行。

但不可否认,可再生能源发展还面临多重阻力。要想使可再生能源快速成为中国能源体系的主要能源,体制上还需从两方面突破。

一是建设全国统一的市场。过去学习能源体制改革,专家一般认为中国能源体制的问题是国家电网一家垄断,需将其分成几个小电网。今天看起来又不同了。我们的调查发现可再生能源发展的真正阻力恰恰是地方封锁。因为中国的可再生能源分布不均,尤其是经济欠发达地区的可再生能源反而丰富,发了电却接不到足够的远程订单,需要克服地区封锁问题。国家发展改革委前几年也针对此问题出台了政策。

二是要建立分布式能源。对于华北地区能源改革,国家支持力度应大一些,屋顶光伏发展更快一些。农村家户都有屋顶产权,推进光伏发电没有产权障碍。如果国家支持力度大些,可弥补煤改气、改电工作中遇到的不足,也许对中国能源结构改革助益良多。能源结构改革,技术、成本已经不是主要问题,下一步要重点克服体制问题。

第二,碳减排要与自然碳汇方案并举

世界上有些发展中国家,像巴西承诺30%、40%二氧化碳减排是从减少毁林和森林退化实现的,因为森林退化会排放二氧化碳,而不是吸碳。这方面我国做得最好。2019年中国在全球绿化发展中贡献最大，约占世界的70%~80%。

中国人工种植林发展这么快，每年新增的碳汇为国家减碳排放强度贡献5%~10%极有可能。碳中和就把基于自然的解决方案提上议事日程，森林碳汇有可能变成特别主流的二氧化碳减排工具。这对中国来说是比较重要的事情，对中国乡村振兴、区域经济发展的影响也特别大。

过去，我们不重视生态系统贡献，好多政策看似环保，但拖了气候行动的后腿。比如，东北在计划经济时期大量砍树，20世纪80年代出现"两危"问题（资源危机和经济危困）。此后国家不断出台政策，2016年实行了天然林全面禁伐。支持环保的人士都很高兴，认为我们在保护生态环境，防治水土流失方面又进了一大步。其实从碳汇角度来说，不是少砍树就好。健康的森林生态系统才可能是碳汇，不健康的森林可能变成碳源。我国很多天然林都是退化的森林，很可能已经变成碳源，需要积极地人工干预，提升森林生产力，才会对国家碳中和目标做出贡献。

比如中国的东北地区，需要重新考虑开放天然林经营，但前提是要积极实施体制改革，因为它是传统国有林区，类似东北老工业，积淀了很多制度问题。实际上，地方在过去二三十年积累了很多改革创新经验，但中央政府不放心，所以现在天然林全面禁伐。我认为应尽快解除全面禁伐，重新启动东北国有林或全国国有林体制改革，引入市场机制，按"双碳"目标积极经营国有森林，这对国家气候行动会有特别大的帮助。

此外，在积极经营森林过程中，不断给国家生产绿色材料，可以助力在其他领域的碳减排替代。森林里有大量能源，潜力非常大。如果天然林保护政策能放松，有一定扶持，来自森林的生物质能源应该有很好的发展潜能。东北自然条件和北欧、加拿大很像，没有理由比那些国家做得更差。瑞典30%的一次能源来自森林，我们应积极学习。

每年国家在化石能源、钢筋水泥行业还有很多补贴，这些应尽快去掉，用来扶持可再生能源和资源。所以中国追求的碳中和，一是把生态系统的贡献提升上来，二是为国家实现低碳绿色发展找到低成本蓝图。如果不利用生态系统功能，完全依赖化石能源减排，成本必然较高。

第三，政策影响引发全球联动

我们国家搞环保、能源结构改革，习惯于依赖行政及中央政府资源，对市场机制、经济政策利用得不够充分。

现在这些条件一个个在具备。比如2018年环境税率还是定得太低，不足以改变企业、地方政府的行为。要想实现节能减排目标，环境税率可以定得更高一些。2020年开始，我国宣布推出全国性碳市场，主要涉及电力行业。碳市场会出现碳价，使二氧化碳减排有了机会成本的概念。

现在有几个因素对碳价格、投资、产业结构有很大影响。

近期欧盟出台边境调整政策，加速气候行动，碳价格肯定上升。若碳价格上升非常快，欧盟的企业就会要求对进口产品按欧盟市场碳价征收碳关税，如从中国进口风机、光伏，就要根据二氧化碳排放情况征收。这就倒逼中国提升国内的碳价格，直接的方案就是中国也收碳税。

碳交易也是产生碳价的机制，但目前还是电力行业。电力本身不出口，出口产品怎么出现碳价格？国家级碳市场就要快速地从电力部门扩展到所有行业，但究竟能不能跟上欧盟、美国边境调整政策出台的步伐？我认为压力还是挺大的。

最简捷的方法是，中国在出口产品上实施碳税。以前碳交易试点最高也就70元人民币，即10美元左右。假定未来执行20美元的碳税，碳成本会上升很多，对传统行业影响较大，当然也利于新兴产业。

在中国，我认为政府已经在着力逐渐铺开碳交易机制。因为如果欧盟、美国一旦实行边境调整政策，对中国出口导向的产业影响会非常大。如果将来欧盟、美国都要开始征收碳关税，对中国气候政策就会形成倒逼。在我看来，碳税是相对容易实现的机制，在中国有可能重新浮上水面，变成决策者考虑的工具，对未来经济、投资、产业结构都将产生极大影响。

（本文根据作者2021年4月在北京大学国家发展研究院长三角论坛"迈向碳中和新时代：产业变革与资本机遇"上的演讲整理）

我国老龄化的突出特征与人口政策建议

雷晓燕

关于老龄化与人口政策，我分享一些看法。第七次全国人口普查结果公布以来，大家对此话题已有很多讨论，我想从数据的角度分享一些观察到的趋势。

我国人口老龄化现状人口总量与结构

我国人口总量与结构，为了让其相对可比，我只用五次人口普查（1982年、1990年、2000年、2010年、2020年）的数据，没有用历年的千分之一样本调查数据。观察图5-1可以有几点发现：

第一，我国人口总量保持一定程度的持续增长，2020年已经达到了14.1亿。

第二，人口增速在放缓，从1982—1990年间的年均1.56%降低到2010—2020年间的0.53%。

第三，老年人口（65岁以上）的数量和比例保持持续上升趋势，2020年达到1.91亿，占全国总人口的13.5%。

雷晓燕系北京大学博雅特聘教授，北京大学国家发展研究院经济学教授，北京大学健康老龄与发展研究中心主任，教育部长江学者特聘教授。

第四，少儿人口（0~14岁）在近十年中略有上升，可能得益于生育限制放开的作用。

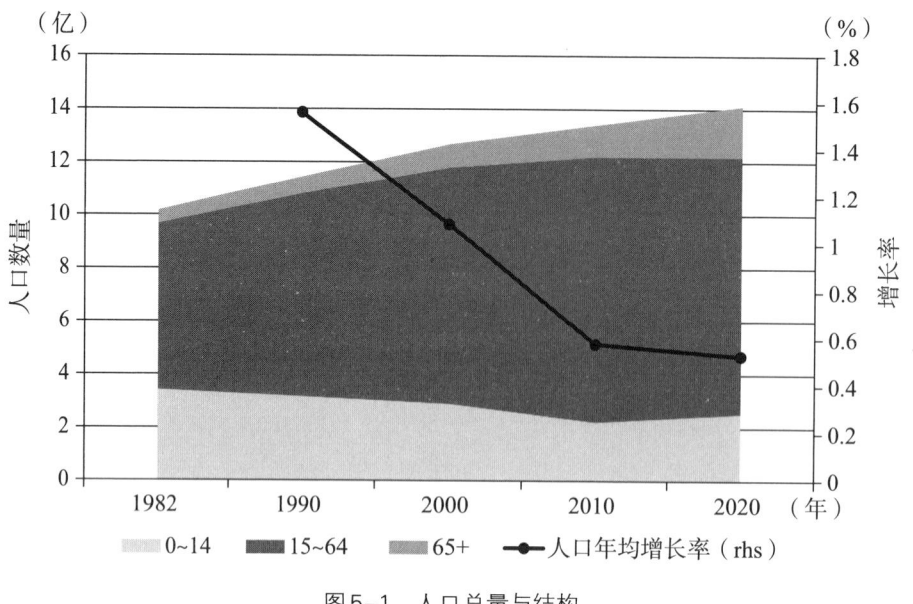

图5-1 人口总量与结构

抚养比

抚养比即非劳动年龄人口占劳动年龄人口的比例。根据1982—2020年五次全国人口普查的数据可以看出：作为抚养比分母的劳动年龄人口近十年有所下降，2020年为9.68亿。总抚养比（老年抚养比和少儿抚养比之和）从2010年开始上升，到2020年的十年间从34.2%上升到45.9%。总抚养比的上升主要由于老年抚养比的上升幅度较大，从2010年的11.9%增到了2020年的19.7%。少儿抚养比上升幅度略小，从2010年的22.3%上升到2020年的26.2%。

生育状况

根据官方公布的数据，我国总和生育率长期低于1.6，处于低位，并在不断下降，政策放开后出现短暂回升，后继续下降到2020年的1.3；育龄妇女（15~49岁）数量从2011年开始持续下降。两个因素结合，导致我国新增

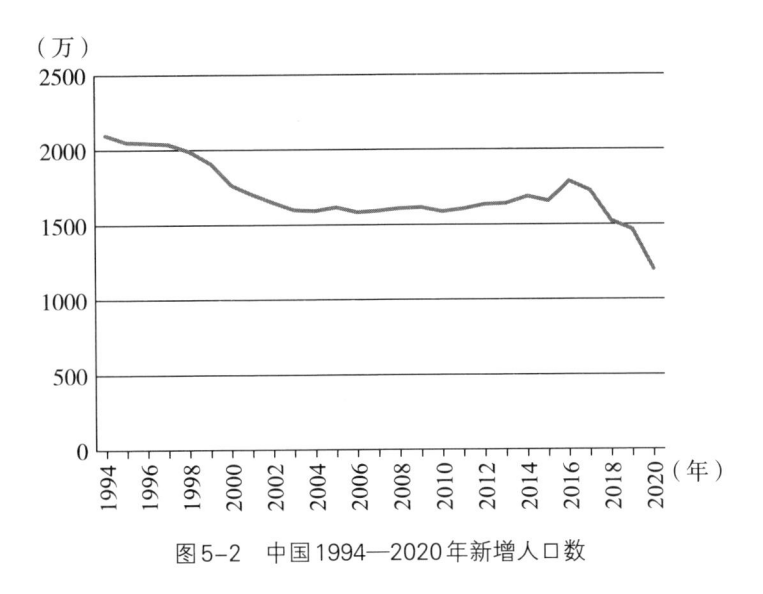

人口数近年出现明显下降趋势（如图5-2）。

图5-2 中国1994—2020年新增人口数

同时，我国生育率还呈现出明显的城乡差异，城市生育率低于镇生育率，更低于乡村生育率。全面二孩政策实行之后，城乡生育率都有所提升，但是随后又全部出现一定程度的下降，尤其是城市的下降速度更快。

生育率趋势还呈现明显的孩次差异。分孩次来看，从2000年到2019年，一孩生育率一直保持下降趋势；二孩生育率在近期生育政策放开之后有过上升，但随即下降；三孩及以上生育率略有上升，但是这部分的比例非常小。

城乡生育意愿方面，根据中国人民大学CGSS（中国综合社会调查）的数据，2010年到2017年，育龄妇女（15~49岁）希望生育的子女数在1.7~1.9个之间。其中城市女性的生育意愿很低，长期低于1.75个。同时，农村女性的生育意愿也只有1.9个左右，并且今年有明显的下降趋势。

如果分出生组看看60后、70后、80后、90后女性的生育意愿，发现越年轻的群体，希望生育的子女数量越少。80后和90后的生育意愿近年都开始出现下降，90后的下降幅度尤其突出。

分孩次和分城乡分析生育意愿来看，虽然希望生育子女数为0（不想生孩子）的女性人数比重不大，低于5%，但近年有上升趋势，其中城市中不想生孩子的女性比例增长更快。希望生育一个孩子的女性比例以前呈下降趋势，近年出现上升，城乡都是如此。虽然仍有超过三分之二的女性希望生育2个或以上子女，但是近年该比重在城市和农村都出现下降。

分孩次和出生组看生育意愿的结果非常值得关注，90后不想生孩子的女性比例远远高于60后、70后、80后群体，且近年比例上升非常快。80后和90后女性中希望生育1个孩子的比重在上升，而希望生2个及以上孩子的比重都在下降。

最后看生育意愿与实际生育的差异。分析实际生育，就不能直接看15到49岁的育龄妇女，因为年轻群体还没有生孩子，所以我们把人群限制在35到49岁之间。CGSS数据2017年的调查同时有生育意愿和实际生育子女数的信息，所以我们可以用来做这个比较。总的来看，生育意愿跟实际生育之间存在很大差异，实际生育子女数比希望生育子女数平均要少0.42个，这反映的就是心里想生，但实际并没有生的平均子女个数。这个差值的城乡差异也很明显，农村女性的差值是0.33个，而城市女性的差值高达0.62个。

综合上述数据，我国人口现状可以简单概括为以下几个特点：人口快速老化，抚养比上升，劳动年龄人口减少；生育率下降、新增人口减少；生育率和生育意愿都呈现明显城乡差异，城市最低；越是年轻的群体，生育意愿越低，且有降低趋势；实际生育数远低于生育意愿，且在城市中差距最大。

政策建议

关于生育政策的调整，大家有很多讨论。针对上述数据呈现的我国人口现状，我提几点政策建议以供参考。

第一，生育政策应适时调整。建议全面放开生育，不用担心放开会生很多孩子，因为并没有那么多人想要生3个及以上的子女。

第二，降低生育成本。为什么生育意愿这么低？并且，为什么很多人即使有生育意愿，实际上没有生育？成本是很大的原因。成本包括生育成本、养育成本、教育成本等。生育成本目前主要由女性承担，所以，要降低生育成本就需要调整女性和男性对于生育成本的承担，比如，除了给女性产假，也应该给男性陪产假，并且要加大力度深化落实。生育津贴方面，我国现在有生育保险提供，但力度还远远不够。

第三，降低养育成本。建议加强0~3岁托幼服务供给，这是非常高的成本。同时，可以考虑将学前教育纳入义务教育当中，这也是女性担心的一个大问题。

第四，增大教育投入。目前我们在子女教育方面非常"内卷"。最重要的解决办法是从国家层面增加教育资源的投入，并且分配更加均衡。如果各个层面的学校质量差异不是那么大，那么大家就不需要那么激烈的竞争。

（本文根据作者2021年5月在北京大学国际发展研究院第152期"朗润·格政"论坛上的演讲整理）

扭转生育率骤降，要着力减轻对女性的"生育惩罚"

赵耀辉

中国的出生人数自2016年以来出现断崖式下降，虽然"单独二孩""全面二孩"政策出来以后，新生人口曾一度回升，但并没有扭转整体下跌趋势。"三孩"政策以及相关配套措施的出台能否阻止这种下跌呢？大家都在密切关注。

一个不利因素是，中国育龄妇女的人数现在已达到高峰，未来会持续快速下跌。中国周边东亚国家和中国台湾、香港、澳门等地区，没有限制人口生育甚至拥有鼓励政策，情况也不乐观。新加坡也很低，韩国更低。中国"七普"的出生率已经降到1.3%，与日本2020年的水平差不多。如果按照这种趋势发展下去，东亚人口将来会慢慢萎缩，这是一个很严重的问题。

上述对比表明：且不说是否放开生育，即使全部放开、没有任何限制，我国人口出生率仍有可能继续跌下去。

赵耀辉系武汉大学董辅礽经济社会发展研究院教授，武汉大学医疗健康大数据研究院执行院长，北京大学国家发展研究院兼职教授。

生育决策机制

我们该怎么理解现在的局面和未来的走势？生育率背后的驱动机制是什么？从经济学角度看，生育本质上是一个家庭的经济决策，是个人优化的结果，取决于生孩子的成本和收益。

我们进行分析时，要从生育的成本和收益两个方面看。

生孩子的收益是什么？在传统社会里，传宗接代自不用说，但是除此之外很重要的一个功能是养老，也就是在父母到了老年、没有办法去挣钱或者需要照料时，孩子可以提供经济支持与照料支持。

同时，孩子也是维系婚姻关系的纽带，人类有天生喜爱孩子的冲动。

生孩子的成本是什么？首先是女性在孕育过程中有一些精神和身体方面的痛苦，也面临一些风险；其次在养孩子的过程中，家庭会产生包括住房、教育等费用；最后是女性在生育和养育的过程中，可能要放弃自己的工作。

生孩子的收益越高，人们往往越愿意生；生孩子的成本越高，人们往往越不愿意生。生育率的下降和收益下降、成本上升都有关系。

造成生育率降低的宏观因素

从造成生育率降低的宏观因素来看，首先是收益方面发生了变化：一是传统的家庭养老正在转为社会化养老，由于养老保险制度的全面推行，政府越来越多地接管了养护老人的功能；二是婚姻的需求在下降，很多人到了30多岁还没结婚；三是孩子的"效用"也在降低，有各种各样的替代解决方案。

其次是成本方面，包括教育成本、住房成本还有女性的机会成本，我们分别来看。

教育成本

中国大多数地方长期缺乏优质的教育资源，导致父母在子女教育方面太"卷"，投入了很多钱，还要花很多时间，但仍有很多焦虑。

这种焦虑感导致很多亲子冲突，降低了育儿的幸福感。毕竟孩子原本是给父母带来效用的，是让人感到幸福的，结果育儿的过程带来很多痛苦。这是收益的降低。

从长期影响来看，孩子在成长过程中缺少快乐，精神健康可能受损。现在大学生群体的精神健康状况非常令人担忧。在这样的环境中成长，孩子成年后难以发展亲密关系，恐婚、恐育现象难免增多。

住房成本

孩子属于经济学范畴的空间密集型消费品，至少需要卧室，如果房价太高，父母就没有办法提供更大的空间。

国际上房价较低的地方，生育率往往较高。中国人口特别密集的大城市，房价收入比太高，所以很多人买不起房子，养不起孩子。

女性机会成本

最重要的还是女性的机会成本，这是所有成本项目里最大的一项，也是各个国家鼓励生育政策的最主要落脚点。

对比世界上各国不同时期的就业率，从20世纪70年代到2000年，很多国家（多数是发达国家）女性的就业率一直上涨，现在是60%~70%，更高者有70%~80%。女性的工资跟男性相比也一直在缩小差距，这是发达国家一个很重要的趋势。目前美国女性的工资是男性的80%左右。

中国的情况也很令人鼓舞。从分年龄段的上大学人口比例看，年轻女性已经高于男性，这个转折点大概对应着1982年左右出生的这一代人。女性的就业率在改革开放以后略有下降，目前男性的就业率是94.2%，女性是80.5%，比起发达国家我们算是比较高的。最主要的一点是，中国处于生育年龄女性的就业率仍相当高。另外，受过高等教育的女性就业需求很高，就业率达到80%~90%。

在很多国家，就业市场上的性别歧视已经很少，而且对女性就业有很多支持，男女工资差别还在缩小，只是趋势已经放缓。

现在学术界普遍认为，生育惩罚已经成为阻碍女性继续进步的一个重要因素。什么叫生育惩罚？简单说就是女性生完孩子以后获得的工资下跌，她也很难回到劳动力市场。

以丹麦为例，拥有孩子之后，男性的收入没有变化，但女性生完孩子以后的收入会下降，而且男女工资在20年以后仍然存在很大差别，无法回升到之前的水平。用中国的相应数据来测算，女性收入在生完孩子以后也有非常大的下降，不过没有持续那么长时间，大概四五年以后还能够涨回去。

生育惩罚背后很重要的一个因素是产假。在丹麦这样的福利国家，产假很长，虽然能够保护女性的就业岗位，但时间太长反而有害，因为这会导致女性长时间处于职场之外，增加返回工作的难度。同时还有各种生育相关福利，对于教育程度高的女性来说，其实也有负面作用，而且往往很大。研究发现，产假延长等待遇对提高生育率的效果比较小，因为女性更在意事业前景。

还有一个非常大的政策领域是托育服务，在所有研究文献中，这都被证明可有效提高生育率。因为托育服务可以帮助女性留在就业市场，继续发展自己的事业，降低生育成本。对于低收入的家庭而言，社会托育等服务价值会更大，因为其更没有办法自己来解决这些问题，比如请不起保姆，所以社会托育等服务更加重要。

前景展望

对于未来，我们是不是一定要非常悲观呢？我认为不一定。虽然孩子的"使用价值"在降低，但是人类毕竟喜欢孩子，这是不会泯灭的天性。在老年照料方面，虽然有各种社会化养老服务，但是孩子的作用还是非常重要，这就给了我们鼓励生育的政策空间。

在鼓励生育方面，最重要的还是增加和完善保障女性权益及生育友好型的政策。在女性重视事业发展的时代，鼓励生育的政策要围绕减轻女性的生育负担展开。另外产假有双刃剑效果，应该花更大的精力把托育服务做起来、做好，而且政府不要全都管，因为能力有限，要鼓励民办机构参与。

在教育方面，应该好好地解决教育资源供给问题，让大家都能够上高中、上大学。

房价方面有很多讨论，我不再赘述。

最后我提一点，东亚地区的传统文化一定要与时俱进。前面讲到东亚整体的生育率非常低，很重要的因素就在于东亚女性在家庭中的地位相比全世界仍偏低。男性往往不干家务，女性既要养孩子又要有事业，过于辛苦，因此就不会选择。所以中国要提高生育率，一定要倡导男性承担家务责任，更多地参与到家庭生活中。

（本文为作者2021年12月在北京大学国际发展研究院第六届国家发展论坛上的演讲）

防范系统性金融风险的旧法宝与新对策

黄益平

中央经济工作会议提出要"有效防范化解重大经济金融风险",尤其是房地产业有可能引发的金融风险问题。应该说,过去这些年决策层一直高度重视金融风险。

当下中国金融面对两个根本问题:一是如何提高金融对实体经济支持的力度;二是如何防范系统性金融风险。

大型金融风险一旦发生,对一国的影响是长期的。很多学术研究也得出近似的结论——严重的系统性金融危机对一国经济增长产生的负面影响往往会持续很长时间。因此,防范系统性金融风险是一项事关全局的长远大事。

两个旧法宝

过去40多年,中国的金融系统和金融形势都比较稳定。"比较稳定"指的是没有发生过系统性危机。在我看来,改革开放以来的最初30年情况比较稳定,原因是我们有两个对抗金融危机的法宝,一个是政府兜底,另一个是

黄益平系北京大学博雅特聘教授,北京大学国家发展研究院院长,北京大学南南合作与发展学院院长,北京大学数字金融研究中心主任,央行货币政策委员会委员。

经济持续高增长。

"政府兜底"意味着万一金融出问题，由政府兜底来稳住投资者信心，从而避免恐慌和挤兑。"经济持续高增长"意味着可以在发展中化解风险，解决问题。

过去几十年，中国对于曾经出现的金融风险问题都是以此化解。最典型的例子是1997年亚洲金融危机，我国银行的不良率当时超过30%，但没有引发系统性金融危机，平稳过关，与上述两个法宝密切相关。

2015年至今，我国也陆续出现过不少金融风险事件。到目前为止，情况最稳定的当数大中型商业银行，包括六大国有商业银行、十几家股份制商业银行及个别城商行，共约20家。其他的金融机构陆续出现过金融风险事件。

这就是为什么现在一再强调守住不发生系统性金融风险的底线，这方面的工作确实面临不少挑战。一旦失守，我国经济增长必然会遭受重大挫折。

三条新对策

但是怎样才能守住不发生系统性金融风险的底线？防风险是一项系统工程，但可以重点考虑以下三个方面的策略。

第一，进一步推进市场化改革，金融领域尤其如此。市场化改革要抓住两个"牛鼻子"。一是要尽快出清"僵尸企业"，不能一出现问题就由政府兜底，否则风险会越积越多，且可能引发道德风险，因为反正有人兜底，相关企业对防范风险缺乏警觉性。市场如果缺乏好的、明确的金融纪律，出问题不能出清"僵尸企业"，风险必然累积。二是政府应尽量减少压到金融机构和企业身上的强制性、政策性任务，政府与市场之间要有一个清晰的界限。举例来说，亚洲金融危机期间为什么我国银行的不良率非常高？其中一个原因是危机发生前，政府要求银行发放了很多"安定团结贷款"。这些政策性贷款不具备商业可持续性，诱发不良和坏账。如果一些政策性的金融任务确属必要，政府向金融机构和企业派出任务后应配套相应的后续机制，将来一旦出现问题，政府和金融机构要分担责任，不能把责任完全压到金融机构身上。

第二，要把监管落到实处。我们的监管框架很完整，人员、机构、手段、规则一应俱全。尽管如此，还有很多地方的风险没能管住。中小银行的很多问题都是大股东或董事长胡作非为所致，再往下追究就是监管没有落到实处。

如何把监管落到实处？可以从三个方面入手。

一是针对金融监管的目标给出明确清晰的界定。金融监管的目标应该是保障公平竞争、保护消费者利益、维持金融稳定。应该把支持宏观经济稳定、支持金融行业发展的责任分离出来，使金融监管的目标相对简单清晰。

二是金融监管工作的专业性比较强，政府可以考虑给予金融监管部门一定的权限，由监管部门进行一定程度的自主决策。

三是引入问责机制。监管部门做得不好要被问责，就算大家都没做好也要坚持问责，不能法不责众就不追究监管部门的责任。

此外，监管框架也需要做两方面修正。

一方面，过去以机构监管为主，"谁发牌照谁监管"。然而在当前金融创新蓬勃发展，交叉业务和混业经营越来越多的背景下，恐怕要考虑机构监管、功能监管和审慎监管并重，尤其要突出功能监管。

另一方面，考虑借鉴审慎监管和行为监管双峰模式，将审慎监管与行为监管适当分离。原因就在于宏观、微观审慎监管与行为监管在目标与执行上不完全一致，审慎监管管稳定，行为监管管公平，混在一起影响监管政策的执行效果。

第三，争取由监管、财政和央行三方合力构建国家金融安全网络。国家金融安全网的目标是识别风险并尽可能地化解风险。在实际运行中，安全网既要按事前、事中和事后区分监管责任，也需要各个部门积极作为。比如央行主要负责系统性稳定和大而不倒的问题，同时也要在机构出现问题时提供最终贷款人支持。财政的功能主要是代表政府在出现大问题时拿出资金兜底。一些西方国家发生大危机时，国家财政有时会主动注资，央行也主动提供流动性。因为只要稳住系统，最后不但可以全身而退，还有可能挣钱，即便不挣钱，花钱维持金融系统稳定，本来也应该是国家财政的重要职责。

最后还有一个问题值得思考，就是短期权宜之计长期化的问题。这些年，一遇到金融风险问题，上头就会要求把维护金融稳定的责任压实到地方政府。这一举措作为短期权宜之计没有问题，但长期来看，地方政府是否有能力、资源、资金、动力持续地完成这样的工作，要打个问号。倘若地方政府不具备这些能力和资源，将来就可能引发其他问题。因此，解决这些问题同样需要系统性的思考。

（本文为作者2022年12月在北京大学国家发展研究院第七届国家发展论坛上的演讲）

第六篇章

新动能

如何激发企业的活力
如何提升市场的效力

潜力与定力

全球新变局下的企业战略

宁高宁

大家讨论百年未有之大变局时,对企业的建议很多都提到要"跨周期""逆周期"等,但结合企业自身情况的建议不多。实际上,每家企业都处在当下的周期旋涡中,它怎么来跨周期、逆周期?

如果今天这家企业已经有75%的负债,资产已贬值,经营在下降,怎么去跨周期、逆周期,应对大变局?其当下的首要任务显然是如何解决生存问题或者如何维持经营的问题。情况稍好一点的企业,其首要任务是如何维持所剩不多的盈利,如何改善盈利状况。

每近年底,各家企业都要做来年的预算。企业做预算是依据对来年情况的预测,包括对来年经济形势、行业形势、竞争环境、产品市场的预测。从过去几年的情况来看,对市场前景不要预计得太乐观。从企业内部来讲,还是要继续做好对经济周期循环和全球新变局的充分应对。

认知经济周期

每次经历经济周期循环,对中国经济和企业来说都是一个学习的过程。

宁高宁系中国中化控股有限责任公司原党组书记、董事长。

世界上其他国家的企业基本从20世纪70年代开始都经历了石油危机、债务危机、东南亚金融危机、网络泡沫、次贷危机以及新冠疫情等经济周期。

过去40年左右，中国经济几乎是直线成长，企业经历的都是小周期，经济即便有波动，之后往往也恢复得很快。因此，中国企业在过去面临的战略调整要求并不高，基本都能够凭借原有的增长模式度过周期。

但当前的情况对中国企业而言不再是单纯的经济周期性循环，而是产业升级和竞争环境的巨变。如何既把握好周期循环，又做好自身经营？企业要保持这样的理想状态很难。

以我所在的中化来讲，大宗商品、石油的价格每天都在变动，每批货、每家炼厂甚至每份合同每天都有变化，而每一个变动都牵动着企业的神经。但这是石油行业的大环境、大趋势。面对这样的大环境，企业要做好经营中的每一个细节，做好化工新材料的研发、销售，持续提高企业的经营效率，这对企业而言的确很不容易。

我调研过一家航运物流企业，发展得非常好，主要是投资船舶与经营货运。现在很多船运企业都是这样，本身业务做得不错，但因为市场波动，投资价值也发生波动。要把握好这些趋势，同时又要继续把产品做好，非常难。

因此，面对新变局，希望中国企业能够把握大趋势和经济周期循环，并在企业经营中将方方面面的工作都配合好。

理解全球变局

今天讲新变局，企业面临哪些变化？

首先是宏观的、大环境的变化，包括很多人讲到的中国崛起、中西方对比、美国对中国的打压、地缘政治、西方经济放缓……我感觉当下的世界已经变得更加政治化、意识形态化、区域化、种族化。我们在经营企业时感受非常明显，不同地区、不同信仰、不同种族都存在很多冲突，包括过去觉得不太会发生的冲突。从宗教来讲，基督教、新教、伊斯兰教、儒家文化之间的冲突也在明显增加，具体表现在员工之间、投资和贸易政策上。

从企业自身来讲，和五年前或更久之前相比，很多方面的境况都有变化。贸易战大背景下，中国企业被制裁、被列入某个名单已经成为常态，产品今天被禁、明天又被放出来成为常态，并且原因不明，当然主要是美国在控制。在这样的情况下，企业以前所拥有的成长欲和全球发展欲就随之降低，因为外部风险变得太高，国际合作精神变差。现在大型合资项目很难成功，因为受到太多不确定性因素的干预，包括政治、经济、企业、区域和贸易政策等。企业面临的地域政治审查也非常多，比如中粮投资的海外企业在海外也不断受到政策性、贸易性、产业性的审查。

在技术合作方面，与国外的技术合作在很多年前就受到限制，现在这方面的掣肘愈加严重。一些涉及跨境技术转让、合作的项目，即便产业链本身可控，但是要做到产业链主链条、主环节跨区域就非常困难。

同时，不同国家企业员工的文化隔阂在加大，企业内部不同国籍员工之间的不信任和不安全感在增加。中国企业面临的国际融资也非常多，很多国家规定本国企业不能参与中国项目的融资，或是不断提高融资利息。

还有一个全球性的大趋势，即ESG企业评价体系，除了要求企业承担起自身的经营责任以外，对中国企业在海外的社会责任、环境责任、治理责任也提出了很高要求。我们过去经营企业会优先考虑股东利益、企业利益、员工利益，但现在股东资金回报率、企业经营效益、员工收入要让位于社会责任、社会公平、环境治理。这一趋势对中国企业而言也是极大的考验。

切实转向创新

有不少专家学者认为世界经济格局正在变化，这意味着企业要针对大变局、新变局来重新考虑企业发展战略。中国企业基本上还处于发展阶段，离欧美企业发展相对成熟阶段还有不小的距离，这意味着中国企业可选择的发展路径并不多，因为我们只能继续往上走，但前面的企业又不希望我们再模仿和追赶。

过去，我们可以先把企业规模做大、市场份额做大、销售额做大；

过去，我们可以相对单纯地依靠成本优势、劳动力红利来参与国际竞争；

过去，我们走产品国际化、投资国际化发展路径，利用国际合作促进国内企业发展；

过去，我们通过并购国外的优秀企业，利用他们的先进技术、市场优势促进国内企业和产业发展；

过去，我们有高负债发展模式，当时利息成本相对较低，国家政策也比较支持，通过高负债模式做杠杆式的企业并购和扩张；

过去，我们通过引进、消化、吸收国际先进技术的方式来提升国内企业实力……

但这些过去的发展模式在新变局中难以为继。过去企业间的国际合资模式现在大大减少，很多原本正在谈的合资项目都被暂停，因为未来有很多不确定性。

总之，过去我们惯用的发展模式现在遭遇重重阻碍。这促使中国企业必须回到企业发展战略的本质——创新差异化、高效率、低成本。这也是企业唯一可选择的发展模式。

我所在的企业中化、中化工在合并以后坚持"科学至上"这一发展宗旨，追求研发领先，整个企业的26个研究所（院）现在都要全面对接产业，进入全员创新状态。没有创新不投资，没有研发不投资，没有新产品不投资，不能只搞规模的发展，要把创新真正当作唯一的发展动力。

中国企业是被迫适应这些新变化，从过去的弯道超车、超常规发展、引进资金、引进技术，回到探索企业真正的发展本质。

我认为，企业的第一使命是创新和探索未来世界，要将创新、探索作为企业的经营核心和信仰，同时提高效率，把成本压得更低一点，产品做得更好一点，管理更完善一点，因为提高效率也是创新，是低成本的创新。我参加过很多研讨会，听到很多公司的做法，感觉现在大量的国有企业已经对高质量发展有了更深的理解。

实现根本转变

在新变局下，企业面临的根本性转变是什么？

过去我们搞研发、创新，经常是一个新产品做了几十年也没什么进展，而企业的市场占有率却在慢慢变低。这是因为过去我们只是把创新当作对老路径、老产品的一种辅助工具。

现在企业的创新研发已经变成生存之路，老产品也要创新、升级与突破。现在创新已经是企业的起点，是每项业务的开始。每做一项投资、一个规划或是一笔预算，都要考虑里面有多少东西是过去没有的，创新成本占多高，新产品销售额占比有多高以及创新产品在多大程度上能够发挥技术引领、工艺引领或是环境保护引领的作用。如果达不到这些要求，这样的投资、规划和预算就不能做。

过去，企业搞创新经常只是激励一下研究部门和研究人员，但实际上完全不起作用或是作用不大。现在搞创新，是要改变整个企业而不是某个部门，是要从上到下改变企业的发展思路和商业模式。

现在，创新、研发已经是企业的主业。为此，很多企业甚至可以拥有大大的实验室而只需要小小的生产车间。另外，企业是否拥有创新文化对企业能否完成创新至关重要。很多企业的创新被自己扼杀，因为企业有短期业绩、短期文化、短期评价要求，很多企业不得不追求短期效益。

再看创新主体，即由谁来创新。这说起来简单但做起来很难。创新主体有几个层面，一家企业不是研究员创新就可以，车间要创新，总部要创新，整个企业都要创新。

管理企业的创新路径也非常复杂，从资源配置、人员配置到提高效率，都要求企业坚持科学的方式，包括要求企业不苛求过多的短期业绩。事实上，这对企业来说很难，特别是国有企业每月都要报表、分红，利润只能增长，而创新就要承担更多风险，并且这个矛盾已经说了十年、二十年也未能解决，只是有些做法在改进，比如研发成本加回等。

综上来看，对企业而言，不能仅考虑一年的规划、战略，要站在大趋势之前去理解企业所面对的经济周期、长期挑战和创新机遇，要顺应周期去配置资源，调整投资方向和发展模式。在经营理念上，企业一定要坚持科学至上、创新发展，一定要回归到企业发展战略的本质——创新差异化、高效率、低成本，一定要坚定不移地转向高质量发展。这对企业来讲至关重要。

（本文为作者2022年12月在北京大学国家发展研究院第七届国家发展论坛上的演讲）

变局之下,企业如何稳健经营?

宋志平

当前,世界百年未有之大变局加速演进。从国际来看,逆全球化思潮抬头,全球化面临压力;科技革命下新产业、新业态和新模式层出不穷;双碳目标引发各个产业结构调整;新冠疫情、俄乌冲突等不确定事件发生,使得世界经济增长动能减弱;等等。但我们既要看到困难和压力,也要看到机会和希望,坚定信心和勇气,调整好企业的战略思路和经营方式,不断适应变化,乘风破浪向前。结合自己多年来的企业管理实践和思考,我想分享一些建议供大家参考。

稳健经营

前一阶段,大家讲得比较多的是VUCA[①]时代,主要强调不确定性。现在又在讲BANI时代,主要强调脆弱性。今天做企业确实面临的压力很大,

---

宋志平系中国上市公司协会会长,中国企业改革与发展研究会首席专家,北京大学国家发展研究院实践特聘教授。

① VUCA:宝洁公司首席运营官罗伯特·麦克唐纳(Robert McDonald)借用一个军事术语来指述这一新商业世界格局:"这是一个VUCA的世界。"VUCA是四个单词的首字母,分别代表Volatility(易变性)、Uncertainty(不确定性)、Complexity(复杂性)、Ambiguity(模糊性)。

也不可能回到以前了,只能在不确定性下调整心态、做好自己,在脆弱性下更加坚韧、稳健发展。在经营定位和方式上,企业要重视四点。

一是合理定位。企业的战略即选择,而选择中最重要的是目标如何定位。过去我国经济经历了高速增长时代,我们曾形成一些惯性思考,强调跨越式成长、强调大和强。而现在我们面临高质量发展时代,企业的定位目标也要发生转变,强调做强做优做大。

企业的定位要实事求是,尊重规律,各适其位,各得其所,千万不能见异思迁,更不能拔苗助长。关于企业的大小、发展的快慢,其实也要量力而行。对企业来讲,不一定目标都定世界500强或上市公司,适合自己就可以。大企业定位世界一流,致力于产品卓越、品牌卓著、创新领先和治理现代。中小微企业围绕着"专精特新",目标是做小巨人、单项冠军、隐形冠军。不管是世界一流还是"专精特新",都是突出企业的技术、质量、管理、效益,坚持专业主义和长期主义,构筑核心竞争力,把企业打造成行业龙头或细分领域的头部企业。像北新建材用40多年把石膏板产品做到全球第一,像中材国际的水泥装备全球市场占有率达70%,这些企业都发展成了行业龙头。

二是把握周期。经济发展有周期,有些行业也有周期。企业要注意发展节奏,重视周期性变化,防范各种风险。周期上行时可快一些,周期下行时可慢一些,无论快和慢都要突出一个"稳"字。前几年,我们讲进入新常态,要有平常心。现在进入高质量发展阶段,企业也要进行战略调整,不能再只追求速度和规模,要追求质量和效益,实现质的有效提升和量的合理增长。

三是做强主业。到底是专业化还是多元化,一直以来人们都有不同的看法。在工业化早期,大多数企业走的是专业化道路。随着经济的迅速发展和机会的不断增多,不少企业开展多元化业务。但随着市场竞争日益激烈,更多的企业无法分散资源，只有集中精力回归到专业化道路上来。今天确实也有多元化做得好的企业，但是少之又少。我本身是个专业主义者，这几年来，我发现上市公司出的绝大部分问题是在偏离主业、盲目扩张上。

我常讲，做企业要重视业务焦圈化。如果画一个十字线，从横向来讲，企业的业务不能太多，要聚焦；从纵向来讲，产业链不能过长，要深耕。关键要抓四个核心，就是核心业务、核心专长、核心市场、核心客户。在各种诱惑面前，企业要始终保持清醒头脑，要更有定力，坚守主业，心无旁骛地做好主业。

有些人怀念以前高速增长的日子，总还想用过去的方式做今天的事。实际上，经济发展是回不到过去的，我们只能研究现在和未来的情况，把握现在的机遇。前些年，基建和房地产拉动了很多行业，现在这些行业都需要进行结构性调整。目前拉动经济发展要靠新兴产业，要形成新的增长极，像新能源、电动车、新材料、大健康等。

企业如果在新兴产业里，就要抓住机遇、创新引领；企业如果在传统行业里，就要考虑转型。但转型不是转行，而是要立足主业，利用技术进步、结构调整、产品细分等来不断增加竞争力和附加值。其实即使经济下行，做细分领域的头部企业，仍然能够获得良好效益。当然，如果行业被替代或急剧萎缩，则必须果断转行，开发新的领域。

四是管理风险。风险是客观的，做企业是在发展和风险的两难中选择。如果只顾发展而忽视风险，那企业可能轰然倒下；如果只考虑风险而不顾发展，那企业可能止步不前，在竞争中被淘汰。因此，做企业要特别注意风险管控。做任何决策，都要评估风险是否可控可承担。出现风险以后要早发现、早处置，不要等风险变成大危机再去处理，那个时候为时已晚。企业处理风险的原则是计损失降至最小。

有效创新

党的二十大报告提出创新是第一动力。解决经济跨周期、克服企业的困难、提升企业的竞争力,都要靠创新。企业创新也有风险,我们讲不创新等死,盲目创新找死。企业创新要把握如下四点。

一是大力开展自主创新和集成创新。经过40多年的改革开放,应该说现在我们具备了雄厚的创新基础,在电动车和动力电池等不少领域处于领先地位。现在提倡自主创新和集成创新是条件充分的。

自主创新是独立、原始的创新。当下是科技竞争时代,关键核心技术是要不来、买不来、讨不来的,只能靠自我研发。尤其大企业要多投入自主创新解决"卡脖子"问题。像中国建材这些年开发超薄电子触控玻璃、中性硼硅药用玻璃、碳纤维等新材料都是靠自主创新。

集成创新是开放式的创新,也就是说把各种创新要素结合起来。企业很难做到一个产品完全是独门绝活、关着门做出来的。吸纳海内外资源为我所用,取得"1+1>2"的效果,是集成创新的真正价值所在。企业要广泛开展产学研的合作,进行集成创新和协同创新。我国电动车迅速发展,就是集成创新很好的例证。

二是创新要立足解决企业的问题。讲到创新,人们通常容易想到高科技,高科技固然重要,但在企业里也要重视中科技、低科技和零科技。另外,我们讲要重视颠覆性创新,其实企业里大量的是持续性创新,持续性创新也非常重要。企业的创新,关键看需要解决的问题是什么,针对不同的问题,可以选择适合的创新模式。比如零科技,就是商业模式创新,虽然称不上科技创新,但同样能够创造巨大价值,也是重要的创新方式。

三是注重创新效益。企业创新和科学家创新有所不同,科学家创新是发现未知,不见得有当期利益;而企业创新有商业约束,如果无法产生效益或市场价值，再好的创新，企业也不能轻易做。对企业家来讲，要进行有目的、有效益、有质量的创新。企业创新确实承担着一定的风险，企业家在创新中需要深度学习、深度思考、深度工作，尽量规避风险和减少盲目性。

四是创新要依靠资本市场。资本是企业家用来创新的杠杆。再优秀的企业家，如果没有资本的支持，也不太容易做成事。尤其像技术创新，早期大多是高投入，若没有风险投资或资本市场的支持，一般企业是难以为继的。这几年，我国科创板、创业板相继试点注册制，深化新三板改革、设立北交所等资本市场的制度创新，为大量科技企业提供了宝贵的创业资金，有力支持了我国企业的创新。2021年科创板上市公司IPO融资总额约占上交所IPO融资总额的一半，我国还有20万亿元左右规模的私募基金，企业创新要充分利用多层次的资本市场。

中复神鹰是国内碳纤维行业的龙头企业，2022年4月在科创板上市。其实这个过程历经十几年，得益于中国建材的大力支持，企业通过自主创新攻克装备制造难关，打破国外长期技术封锁，直至成功产业化。

强化管理

现在我们提出制造强国、质量强国，提出世界一流和"专精特新"。但要做到这些，说一千道一万，必须把企业管理做好，把管理做到极致。做企业，通常有如下几个步骤：一是把产品做出来，二是能量产，三是能有高的合格率，四是能把成本降下来。这些都离不开管理。企业有再好的技术、有再好的商业模式，如果质量做不好，成本下不来，照样会失败。管理是企业永恒的主题，是做企业的基本功。做好管理，有以下四点需要重视。

一是注重管理方法。好的企业都有自己的一套方法。我之前去宁德时代调研，它的"极限制造"让我印象深刻。"三精管理"是我在中国建材带领大家长年实践和总结的成果,主要内容是组织精健化、管理精细化和经营精益化,这两年结合一些其他企业的研究,又进一步归纳成"三精十二化四十八法"。现在受到不少企业的欢迎并被推广。

二是开展对标管理。这是20世纪70年代美国施乐公司首创的,现在大家都在使用。企业在日常经营中,选择国内外一流的相关企业进行主要技术经济指标的对标,清楚看到自己的不足,学习他人的先进经验,反复对标优化,提高自身水平。如在水泥行业,中国建材坚持与海螺水泥、拉法基豪瑞等国内外优秀企业进行对标,现在部分企业像南方水泥的各项指标已经达到行业一流的水准。

三是强调质量贯标。做企业、做产品、做服务,从根本上讲,做的就是质量。质量怎么管呢?是从严还是从宽?其实严和宽都不重要,最重要的是有一套方法,就是全员全过程的质量控制。过去我们推TQC(全面质量管理),后来是ISO9000,现在推PEM(卓越绩效模式),积极引入质量标准的管理对提高质量管理水平和绩效水平都非常有效。像北新建材的主营产品虽然是普通的石膏板,但公司导入卓越绩效模式,持续推进质量管理,产品质量一直很好,在全国市场占有率达60%。

四是做好财务管理。企业发展中要重视财务的预算,量入为出,有多少钱,做多大的事,千万不能寅吃卯粮,入不敷出。同时,企业也要合理利用财务杠杆,控制资产负债率,降低企业财务成本,归集资金使用。根据我国企业实际情况,资产负债率一般在50%左右比较合理。如果周期上行、效益良好,资产负债率可以适当高点;如果周期下行、效益欠佳,资产负债率就得降低,过高会增加企业财务费用和偿债风险。

企业还要关注经营活动现金流。现金为王,企业要追求有利润的收入、有现金流的利润。现金流是企业的血液,现金的正常流动确保企业的持续稳定经营、支撑企业的健康发展。企业出问题往往出在资金链断裂上,做企业其中的一条底线就是要守护好自己的资金链，凡事心里要有数。

宁德时代拥有行业领先的智能制造系统，在极复杂的工艺流程中达到了极快生产速度和极高质量的要求。目前宁德时代在产品市场和资本市场的表现都很好，其实也得益于它的精细管理。

开拓市场

市场是企业的命根子，做企业归根到底做的是市场、是客户。改革开放后，我们曾用"两头在外，大进大出"的方式，用国际市场带动经济发展，在这个过程中培育了大量中国本土的企业和企业家。但今天看来，我国市场已经发展成为一个大市场，"以国内大循环为主体、国内国际双循环相互促进"的新发展格局正在加快构建。我国企业既坐拥14亿人口的国内大市场，又有开拓耕耘几十年的国际市场，这是其他经济体企业没有的优势。所以我们还是要充满信心，一方面要努力开拓国内市场，另一方面要抓住国际市场。

一是积极开拓国内市场。国务院印发了《扩大内需战略规划纲要（2022—2035年）》，提出坚定实施扩大内需战略、培育完整内需体系，提振市场信心，让企业很受鼓舞。中央经济工作会议提出要充分挖掘国内市场潜力，提升内需对经济增长的拉动作用。现在我们有完备的产业链和强大的制造业体系，产品质量、服务水平、旅游设施建设等都有了比较好的基础。随着我国内需和中产阶层的扩大，我国市场会发展得越来越好。作为企业，还是要把产品和服务做好。以前企业往往习惯把好产品销到国外、国内销普通产品，今后我们要改变这一惯性思维，在国内销售最好的产品，进一步提升国内产品质量和市场占有率。

二是继续深耕国际市场。我们要继续发挥我国配套齐全、产品性价比高、整体成本低等综合优势，巩固和扩大我国企业在海外的竞争力。海外的市场绝不能放弃，而且要当仁不让。

三是企业"走出去"，进行跨国经营。为了积极应对贸易保护主义、关税壁垒等问题，我们需要考虑从产品"走出去"到企业"走出去"。像海信、TCL等企业国际化程度都很高，在海外建厂或收购了不少海外企业和品牌。过去我们比较重视GDP（国内生产总值），现在也要重视GNP（国民生产总值），重视海外投资和收益。

四是加强国产自主品牌建设。微笑曲线图中，设计研发和销售品牌是两个嘴角，而制造代工是下唇。改革开放后，我们曾提出"用市场换技术，用市场换资本"，当时有它的合理性。但现在看来，市场的核心是品牌。

我国汽车业发展经历了合资和打洋品牌的阶段，这些年加大自主研发和自主品牌建设。据统计，目前中国品牌乘用车市场份额超过50%。习近平总书记在中国一汽集团研发总院考察时鼓励大家，"一定要把关键核心技术掌握在自己手里，要立这个志向，把民族汽车品牌搞上去"。现在我们到上海黄浦江边能看到一汽红旗车的广告，我也算一个老企业工作者，以前看到的更多是外国汽车品牌的广告，今天看到我国自主品牌的广告，心里感到很高兴。

我们要增强对国产品牌的自信心。安踏是一个由代工企业成长为自主品牌的代表，安踏运动鞋在国内市场的销量已超过其他国际知名品牌。这样的消息让人十分振奋。中国企业要讲好自己的故事，积极打造卓越的一流品牌，增强在国际市场的影响力，真正成为品牌强国。

"双循环"里，有以国内市场为主的，也以出口为主的，还有既有国内也有国外的，要因企业而异。中国巨石就是一个双循环相互促进的例子，国内市场为主体，也重视国际市场。中国巨石早年发展主要靠出口，随着国内市场的发育，现在产品70%销国内，30%销国外。近年来还在美国和埃及建厂，产品覆盖北美、欧洲、非洲市场。

培育队伍

企业的一切归根结底是靠人创造的。做企业不能只看到厂房、设备和产品,更重要的是要看到人。要做高质量的企业、做高质量的产品,关键是靠高质量的员工团队。要开展国际竞争、解决当前困难,也得靠企业坚强有力的带头人和能打硬仗的团队。这几年,我们企业遇到不少困难,但大家都表现出了坚强的韧性,未来在市场竞争的过程中,还要靠企业团队顽强拼搏的精神。

在企业发展过程中,我们要弘扬企业家精神、科学家精神、悍马精神、工匠精神,这四种精神缺一不可。一个企业里,既要有无私奉献的企业家和管理团队,也要有勤奋钻研的科研队伍、敢打敢拼的营销队伍,还要有具备工匠精神的工人队伍。

一是要弘扬企业家精神。企业家是稀缺资源,可遇不可求。好企业都会有个好的企业家带头人,企业家应该有越挫越勇的特质,尤其是现在,企业更需要企业家的带领。我国有庞大的企业家队伍,要关心和爱护企业家,让他们敢闯敢干。

二是要培养一支具有科学家精神的技术团队。今天是个高科技时代,技术人才是企业的核心资源。企业要特别重视技术人员的培养,也要积极引入技术人才,设立良好的激励机制,激发技术人员的创新热情。像万华化学就用科技分红重奖有贡献的技术人员,开发出大批高附加值的高端产品。

三是要有一支有悍马精神的营销队伍。企业要把产品销出去,就必须有销售员走出去,找市场、找客户。开拓市场是件十分艰辛的工作,要创造客户和维护客户也需长期细致的工作,企业要进行双循环就必须有一支能打硬仗的销售队伍。企业要在后疫情时代夺回客户和市场,销售工作是重中之重。所谓悍马精神,就是不辞辛苦、走遍千山万水开拓市场的精神,有时可能是一个推销员帮助企业摆脱了困境。

四是要培育有工匠精神的工人队伍。想要产品卓越，把产品做到极致，就必须有具备硬功夫的工匠。企业要加强技术培训，提高工人的作业水平。像潍柴动力研制的柴油发动机的热效率超过52%，企业里的大国工匠功不可没。

磨难时期往往也是人进步最快的时候。这个时刻，我们企业上下要团结一致，同舟共济，领导要关心员工，员工要理解企业。大家要拧成一股绳，上下一心，众志成城，奋发图强，共克时艰，不能怨天尤人，更不能"躺平"。

最后，我想和大家分享两句话。以前是回不去了，我们只能向前看。只有靠当下正确的抉择和努力，我们才有辉煌的未来。

（本文为作者2022年12月在北京大学国家发展研究院第七届国家发展论坛上的演讲）

不确定环境下打胜仗的关键领导力

宫玉振

今天我的主题是"不确定环境下打胜仗的关键领导力",这个主题跟《打胜仗》这本书有很重要的关系。拿破仑在滑铁卢失败后被流放到圣赫勒拿岛,蒙索朗夫人问了他一个问题:什么样的部队是好部队?拿破仑回答:"夫人,能打胜仗的部队。"

战争和商业有一个共通的特点,都要靠结果来说话,都需要胜利。失败会影响组织的士气,持续性的失败会从最深层毁掉这个组织,而打胜仗本身就是一种激励。我们经常说一句话叫"从胜利到胜利"。持续不断地打胜仗对一个组织的团队建设至关重要,就像滚雪球一样。所以,"打胜仗"是一个非常重要的主题。

战争最大的特点是什么?充满不确定性。今天我们都知道"VUCA"这个词,后来应用到商业领域。战争环境就完全符合VUCA的定义,充满易变性(Volatility)、不确定性(Uncertainty)、复杂性(Complexity)和模糊性(Ambiguity),而战争必须取得一个确定性的结果,就是胜利。

这就需要一个取得胜利的要素——领导力。越是在不确定的环境下,组

宫玉振系北京大学国家发展研究院教授,北京大学国家发展研究院BiMBA商学院副院长兼学术委员会副主任。

织越应该找到那些不变的东西，因此领导力特别重要。回顾历史，在战争环境下，要想带领团队持续不断地打胜仗，领导者至关重要，他必须对所有结果负最终责任。

在我看来，在不确定环境下，领导者的领导力至少应该有最核心的三条——坚定信念、勇于担当、协同作战。

坚定信念

越是在不确定的环境下，越是在充满种种压力甚至负面信息的环境下，领导者越要展现出强大的信念和信心。

苏军元帅朱可夫曾经说："当其他条件相同的时候，赢得大规模会战乃至整个战争的是这样的军队，他们往往具有不屈不挠的夺取胜利的意志，了解作战的目的，意志坚定，忠于指引他们战斗的旗帜。"这对领导者而言至关重要。

这样的理念不只国外军队有，中国古人早已指出。战国时期的兵书《尉缭子·战威》讲："未有不信其心，而能得其力者；未有不得其力，而能致其死者。"如果一个人内心对领导者没有强大的信心，他不会给你出力，更不会把命交给你。

当环境完全不确定时，你唯一可以确定的就是你的信念。在这种情况下，领导者的信念至关重要，绝大多数人是因为看见而相信，这是普通人；领导者必须相信你的相信，因为相信而看见，这是领导者和普通人不一样的地方。领导者必须有这种穿透不确定的信念，来作为整个组织和个人的指南。这种信念所激发出的力量远远超出我们的想象。

领导者提出的愿景不是让下属去挑战的，作为下属，作为团队，只能努力去证明这个愿景，所以愿景需要你相信，只有相信才会去做，去做以后才会证明你是对的。如果你不信，愿景就不会成。我们经常讲"要相信相信的力量"，很多情况下一切都是不确定的，甚至可能形势的压力极大，但你依然必须相信。

二战时期英国著名元帅蒙哥马利曾在回忆录里写道："一个指挥官最宝贵的品质之一，也许就在于他在计划与作战行动中传播信心的能力，尽管在他内心对结局并没有太大的把握。"把信心传递给组织的每一个成员，这是领导者必须要做的事情。

毛主席讲过："有利的情况和主动的恢复，产生于'再坚持一下'的努力之中。"再坚持一下，再坚持一下，再坚持一下，这背后就是一种信念。

长征出发的时候，中央红军有八万六千人，后来经过爬雪山、过草地等一系列磨难，快抵达陕北时只剩下不到八千人。按周恩来的话说，红军已经被拖得就剩下一副骨架子。这时候，他们刚刚经历了跟张国焘的分裂，毛泽东说这是他一生中的至暗时刻。接下来过了六盘山要进陕北，陕北是什么情况？未来到底怎么样？没有人知道，一切都是不确定的。但是在六盘山，毛泽东写出了那首著名的《清平乐·六盘山》："天高云淡，望断南飞雁。不到长城非好汉，屈指行程二万。六盘山上高峰，红旗漫卷西风。今日长缨在手，何时缚住苍龙？"从这首词里，我们感觉不到任何郁闷、沮丧、迷茫、彷徨，反而是一种乐观、信心，一种未来就在我眼前，全局就在我手中的信念。

这就是领导，当整个组织处于极度迷茫和不确定环境中时，能用自己内心的火燃起大家重新战斗的欲望，能够把强人的信念和意志力传递给组织的每一个成员。

坚定的信念，是征服所有不确定性的一个最根本的力量，是领导力核心中的核心、关键中的关键。

勇于担当

勇于担当是不确定环境下领导者一定要有的特质,其核心是"没有任何借口"。西点军校认为,"军官只有两种,一种是合格的,另一种是不合格的。为什么不合格?因为他们在寻找借口"。

无论是在战场上还是在商业环境中,如果领导者自己给自己找借口,那下属更是可以找出一万个借口来。这样的组织根本不可能有战斗力,更不可能打胜仗。

《荀子》提道:"将死鼓,御死辔,百吏死职,士大夫死行列。"作为将军就要战死在指挥岗位上,作为驭手就要战死在驾车的岗位上,作为文官就要死在职位上,作为军官就要死在作战行列之中。这就叫执行,这就叫担当。

我们每个人都有自己的职责,但当环境不确定时,你的职责和实际产生的问题会出现不匹配,你会遇到很多超出你的职责范围的事情和挑战,这种情况下,有没有担当意识就是能不能带领团队取得胜利的关键。

据说,杜鲁门总统的办公桌上曾经有个牌子,上面写的话翻译成中文是八个字,"责任到此,请勿推辞"(Responsibility for this, please do not put off.)。任何问题到了我这里来,我都不会推辞,必须担当。

美国政治学教授小埃德加·普里尔曾经研究过美国一些著名将军,最终写成了一本书《十九颗星》,因为书里四星上将、五星上将加起来共有十九颗星。他总结道:"领导人的职责通常说来有'分内的'和'分外的',一个合格的领导者只专注于做好分内的事,但对于一个卓越的领导者来说,仅仅完成分内之事是不够的。他的品格会促使他去做那些直接责任之外的,但对整个组织的发展有重大影响的事务。"

环境是不确定的,领导有时候也不可能把整个战争全貌或者所有细节都考虑清楚，因此，具备担当意识非常重要。

美国研究领导力的专家约翰·麦克斯韦尔讲："作为管理者一定要记住，要做好'分外'的工作，如果你完成额外的工作，那么你一定会超越他人。如果你甘愿付出一切努力去推动企业发展，那么你就会成为企业的关键人物。在团队中出类拔萃的人会成为上司核心集团中的一员，上司对他们的期望值会更高，会希望他们能够树立'完成额外工作'的观念。"所以，"领导希望核心集团成员完成额外的工作，承担额外的责任并进行额外的思考。但同时，优秀的领导也会给予他们额外的回报"。这就是一种良性的发展。一个好的组织里，上级要有担当，同时要有胸怀和格局来给下属提供更多担当的机会。

美国前总统林肯也讲过一句话："每个人都应该有这样的信心：别人所能负的责任，我必能负；别人所不能负的责任，我亦能负。"好的领导者在不确定的环境下不是等待指令，而是根据组织的整体利益来做出他的担当。这样一来，就可以弥补人的理性的不足，弥补决策的漏洞，从而带领组织取得胜利。

协同作战

在战争环境下，仅仅靠自己单打独斗是不行的，你的生存完全靠你的团队，靠你的队友，你必须把你的后背交给其他人，同时你必须看好别人的后背。这种团队意识和协同作战的意识决定着个人的生死，更决定着团队的成败。

自古以来，战争中就特别强调协同意识。中国战国时期的兵书《司马法》讲："凡胜，三军一人，胜。"三军一人，就是形成一体化。《淮南子》也讲："千人同心，则得千人之力；万人异心，则无一人之用。"如果一千人一条心，一千个人的力量都可以释放出来；如果一万个人同床异梦，那就没有一个人有用。

我们北大国发院有一门课程"竞争战略与执行力"，由胡大源老师和我带领学生到山东孟良崮去体会战争中的决策和执行力。孟良崮战役中，我军用五个纵队把国民党整编74师包围在孟良崮，但是国民党在外围也对我们的部队形成了包围之势。当时蒋介石的基本战略方针是"里应外合、中心开花"，就是用74师在孟良崮山区吸引我军主力，然后以外围军队包围我军，逼我军决战，以消灭我军主力。蒋介石一直在寻找与我军决战的机会，在他看来，孟良崮战役是消灭华东野战军主力最好的机会。

对于陈毅和粟裕来讲，此战风险极大，如果不能消灭74师，就很可能被外围国民党军队消灭。当时国民党的增援军队远则一两天，近则三五里，有些师的大炮甚至已经可以与74师的炮火对我军阵地形成交叉火力。这场战役的走向是不确定的，周边环境是不确定的，但为什么最后74师被我们华东野战军全歼？为什么国民党的部队没能救出74师？因为没有一支部队是真心来救的。

1947年5月6日，74师全军覆没的十天前，74师师长张灵甫曾给蒋介石发过一封电报，把国民党军队失败的原因讲得淋漓尽致。他说："进剿以来，职每感作战成效，难满人意。目睹岁月蹉跎，坐视奸匪长大，不能积极予以彻底性打击。以国军表现于战场者，勇者任其自进，怯者听其裹足。牺牲者牺牲而已，机巧者自为得志。赏难尽明，罚每欠当。彼此多存观望，难得合作。各自为谋，同床异梦。匪能进退飘忽，来去自如，我则一进一退，俱多牵制。匪诚无可畏，可畏者我将领意志之不能统一耳。窃以若不急谋改善，将不足以言剿匪也。"

国民党里并不缺人才，但在这样的组织里首先牺牲的往往是那批最优秀的人。国民党的失败根源其实不在军事，而在于政治，败在我们今天讲的领导力层面。

如果不能形成协同作战的意识，组织基本就没法打仗。好的组织要怎么做到协同呢？"见义而行，不待命也。"（《孙子兵法》张预注）74师被包围的时候，蒋介石连下"十杀令"，包括畏敌不前者杀，见死不救者杀，等等，但国民党军队依然没办法往前推进。

真正好的军队里，协同配合根本不需要领导去下命令。孟良崮战役中的一个小细节体现了这一点。当时共产党五个纵队把74师包围在孟良崮，国民党其他部队过来解围，其中最猛的一支部队是黄百韬的25师。这是一支杂牌军，如果他不好好打，蒋介石就要撤其番号，所以黄百韬是拼命在打。担任阻击黄百韬部队的是一纵一师，廖政国担任师长，因为主力全在孟良崮作战，所以廖政国只剩三个团，其中两个是地方部队，战斗力比较差。当时国民党整编25师打得非常猛，蛤蟆崮已经失守，共产党只剩下天马山最后一道防线。如果天马山被突破，25师和74师就会打通，74师就可以被解救，共产党的作战计划就会面临全盘失败的危险，会陷入极大的被动，甚至全军覆没。因此，天马山的防守变成了决定孟良崮战役最终结果的关键节点。

这时，廖政国手下只剩不到一个连，25师已经打到天马山半山腰，廖政国派出手中最后的兵力上去，但很快就消耗得所剩无几。在国民党马上要占领天马山，整个防线即将被突破之际，廖政国发现他身后有一支部队正在向孟良崮方向运动，他马上跑过去把这个部队拦下来，一问是四纵二营。廖政国是一纵，和这支部队没有隶属关系，但廖政国给这名营长讲了孟良崮当下的情况，希望他听自己指挥。但这名营长说我们也有紧急任务在身，廖政国就跟他讲，"如果天马山被突破，整个孟良崮战役就要失败，你现在必须听我指挥"。这名营长想了想，然后非常果断地说："好吧，首长，从现在开始我听你指挥。"

就这样，廖政国率领这个营杀了出去，击溃了国民党进攻天马山的部队，又过了一个小时，74师全军覆没。因此，这个营后来被认为是改变了整个孟良崮战役走向的关键力量。

从组织的角度来讲，从隶属关系的角度来讲，这个营完全可以不听廖政国的命令，或者，这位营长完全可以说，需要先向他自己的领导请示，因为他也有紧急任务要执行，但这位营长没有做出那样的选择。这就是一种自觉自发的配合与协同，而这就是协同的最高境界。这种"见义而行，不待命"，对每一个组织来讲都至关重要。

《打胜仗》一书里有一篇我写的关于湘军的文章。湘军为什么能打仗？曾国藩曾经讲湘军的一个特点是"呼吸相顾，痛痒相关，赴火同行，蹈汤同往，胜则举杯酒以让功，败则出死力以相救"。后来华为把"胜则举杯相庆，败则拼死相救"写进了《华为基本法》，把湘军的协同精神变成自己的团队精神。

曾国藩说湘军还有一个特点是"齐心相顾，不曾轻弃伴侣。有争愤于公庭，而言欢于私室；有交哄于平息，而救助于疆场。虽平日积怨深仇，临阵仍彼此照顾；虽上午口角相商，下午仍彼此救援"。公开场合吵得一塌糊涂，回家以后把酒言欢，因为争的是公事，不影响私人感情。人与人之间不可能没有矛盾，平时可以闹得很厉害，但打仗的时候绝对相互配合，彼此救援，绝不影响组织内的配合。这就是好组织、好团队的核心特质，能持续不断地打胜仗，靠的就是这种力量的支持。

《孙子兵法》讲："善用兵者，譬如率然。率然者，常山之蛇也。击其首则尾至，击其尾则首至，击其中则首尾俱至。"真正的高手就像常山的蛇"率然"一样，你打它的头，它的尾巴马上就扫过来；你打它的尾巴，它的头马上就咬过来了；你打它的腰，它的头和尾巴就一起攻过来了。这就是一种完全自发自动的协同。所以吴起在兵法里讲，"虽绝成阵，虽散成行。与之安，与之危，其众可合而不可离，可用而不可疲。投之所往，天下莫当"。好的团队，即使被隔绝了，依然可以形成阵势；即使被冲散了，马上能恢复行列。这样的军队在任何环境、面对任何敌人，都可以打胜仗。这就是协同作战。

（本文为作者2021年9月在《打胜仗》新书悦读会暨北京大学国家发展研究院EMBA论坛上的演讲）

企业如何提高自身的韧性?

刘二海

我是风险投资从业者,也是北大国发院 EMBA 2001 级学员。在过去近 20 年的从业经历中,我主要和创业企业打交道,今天想从创业企业的角度谈谈全球新变局下的企业战略。

在我看来,在当下这样不确定的时代,韧性是企业非常重要的生存特质。什么是"企业韧性"?什么样的企业更适合在不确定的环境下生存?如何锤炼企业的韧性?这些问题非常值得探讨。

放眼全球:宏观正变得越来越重要

全球新变局究竟"新"在哪里?

过去几年,世界局势瞬息万变,地缘政治增加了全球经济的不确定性。美联储贯穿 2022 年的连续加息,从年初 0~0.25 的区间,一路加到年底 4.25~4.5 的区间,给全球企业带来巨大的成本压力。人民币兑美元汇率也一度涨到 7.1、7.2。国内监管层面则是对 K12 教育、平台经济和数据安全等领

刘二海系愉悦资本创始及执行合伙人,北京大学国家发展研究院 BiMBA 商学院管理实践特聘教授、EMBA 校友。

域进行了整顿。

放眼国际，以前大公司是不停招人，现在则是不断裁员。美国纳斯达克综合指数在2022年下跌30%。纳斯达克综指创立以来曾出现过两次大跌，一次是2008年全球金融危机，另一次就是现在。相比之下，2022年纳斯达克指数下跌的速度更快、影响更深、范围更广。此外，由中国公司构成的纳斯达克金龙指数跌幅也达到50%。国内，上证指数跌到2900点下方。

以上这些都意味着宏观形势和发展环境已经发生巨变，不确定性空前增大，新挑战就在眼前。

企业可以从哪些方面发现不确定性的蛛丝马迹？投资人给出的答案可能是"看宏观"。

过往，大家对宏观可能并不那么在意。在过去的一个周期里，风险投资主要考虑技术和模式两个维度，有时候会考虑产业层面。时至今日，宏观因素的重要性已经不言而喻，诸如地缘政治、政策走向这样的因素都愈加重要。

来看两个案例。2022年上半年，受俄乌战争影响，主业在俄罗斯或者乌克兰的企业要么关门，要么转换业务重新开始。对于国内从事K12教育的企业而言，"双减"政策或许已经影响到企业的存亡。

但宏观环境的变化也会带来新机遇——新基础设施的成熟、下沉市场的发展，以及一些快速成长、有较大影响力的行业，比如电动汽车与新能源，都值得长期关注。投资人试图分析出：哪些产业可能成为未来的大型主题？哪些技术和模式将会扮演重要角色？哪些宏观事件和风险需要规避？

企业必须明确宏观是一种客观存在，企业只能接受、自我调适，并尝试规避风险。综合来看，企业的韧性离不开如下三方面：身处前途光明的大型产业，有合适的商业模式和技术，能规避宏观层面的风险。

把握大势：创新的基础依然坚实

历经互联网二十余年的发展，硬科技构建的新基础设施成熟起来，正在重塑整个中国经济，城市化和移动互联网的高渗透率打开了广大的下沉市场。这20年来，城市化的高歌猛进和房地产行业的快速发展，一起塑造了很多了不起的行业。

中国创业公司可以用"生而全球化"形容。仅就汽车行业来说，我知道的一家中国初创公司，从创办第一天起就是一家总部位于法国的全球性企业，在智利、法国和土耳其开展业务，每年招聘很多优秀毕业生，从人才、供应链到客户，充分协同全球资源。这是中国创业者非常了不起的成就。

可以看到，过去20年，中国涌现出数量众多的优秀创业公司，除了美国几乎没有哪个国家能与中国媲美。

在我看来，中国的创新仍然具有坚实的基础，对于这一点，我们要有信心。过去不到10年的时间里，中国的新能源汽车从零到一发展起来，与"双碳"目标的提出可以说是一脉相承。"双碳"目标是中国向世界做出的承诺，也是中国与世界最大的共同利益所在。

2022年5月，硅谷著名风险投资家约翰·杜尔（John Doerr）捐赠11亿美元，在斯坦福商学院成立了一个可持续发展学院。据我所知，这是美国历史上排名第二的个人对学校单笔捐款。比尔·盖茨早在2015年就设立了突破能源基金，押注清洁能源。前段时间，美国能源部宣布其下属的一个实验室已经成功实现核聚变点火，这个号称零排放的"人造小太阳"计划实现了重大突破。中国同样也有自己的可控核聚变布局，目前这个领域有不少进展。

减少碳排放的实质还是能源问题，全球约83%的碳排放都与能源相关，特别是在化石能源的使用过程中会不同程度地排放二氧化碳。全球对此也有共识，解决了能源问题，就解决了大部分碳排放问题。在这一背景下，使用清洁能源发电就变得非常重要。中国现在每年发电8万亿度，其中有1万亿度来自风电和光电。由此可见，中国的清洁能源发电还有很大的发展空间。

借着清洁能源的东风，新能源汽车的发展壮大就有了抓手。2022年前10个月，中国新能源汽车的渗透率已达到25%。汽车本身就是个人消费品中的大件，如此高的渗透率不仅直接推动了新能源汽车的发展，也带动了围绕新能源汽车的零配件、自动驾驶等上下游关联产业的系统发展。此外，新能源汽车的火爆也加速了锂电池科技研发的脚步。锂电池每千瓦时的成本已经从2013年的700美元大幅降低到现在的140~150美元，储能效力也大幅提高。

我们认为，清洁能源是未来20到30年的重大主题，不仅关系到汽车产业，还关系到储能技术和电网的发展。一旦储能技术和电网改造达到一定水平，风能、光能这样的清洁能源的应用空间就会开阔很多：要么被直接储存起来，要么转化为直流电供车、船、飞机等交通工具直接使用，通过二次电动化改造，还可以把不同容量的电池包应用到更多场景，比如野外生活供电，用于照明、冰箱甚至帐篷。这些将是非常了不起的成就。

汽车行业本身就规模巨大，全世界每年大约有8000万辆汽车的销售量，中国大概2000万辆，是世界上最大的汽车销售市场。同时，汽车行业的带动性非常强，其毛利约为20%~30%，与产业链的关联度高达70%~80%。因此汽车行业的发展对拉动经济增长至关重要。过去国内汽车基本都是合资品牌，伴随新能源汽车这项新技术，中国自主汽车品牌快速发展起来，产量也非常可观。在这个过程中，国家给予了很大支持，出台了很多利好政策，比如新能源购车补贴等，对行业发展帮助非常大。

新能源车企的创始人很多都不是汽车制造业出身。比如蔚来汽车创始人李斌最初是易车网的CEO和创办人，理想汽车创始人李想是汽车之家的CEO和创办人，小鹏汽车创始人何小鹏则是UCweb浏览器的创办人。这些具有企业家精神的创始人在风险投资的资本支持下，居然能够从零到一撬动如此巨大的行业，并且还取得了不错的成绩。可以说，这个产业的发展轨迹充分体现了国家产业政策、企业家精神和资本的有机结合。改革开放四十多年，中国国产汽车品牌终于从国外品牌主导的局面中突围。

与此同时，我们也应该看到，新能源车企的发展路径与传统车企不同。它们没有通过经销商展开销售经营，而是通过自营门店发展自己的用户，品牌、维修、保养、救援，实现自我一体化。这一点和安踏很像——安踏在发展早期也没有用经销商。一座传统汽车工厂的生产端差不多需要80亿到100亿元的巨大投入，新能源车企则采用合作制造模式，与其他生产企业展开合作，节省了大量资本开支。我认为新能源车企构造了一种与传统车企不同的价值体系，我们称之为"双边重构"。

投资未来：新基础设施大有可为

我们把中国创业总结为三个阶段。

第一个阶段是从1978年到1998年，靠规模经济和管理提升的阶段，我称之为启蒙时代。

第二个阶段是1998年之后到2008年的互联网时代，平台经济成为主流。企业通过风险投资支持，享受到平台经济的规模优势，做到了以前只有中石油、中石化这样的央企才能做到的规模。这个阶段主要得益于平台经济的商业模式，企业也是完全不同的商业物种。

2018年之后进入了一个新的阶段，我们称之为"新基础设施时代"。移动互联网、移动支付、物流、AI+IoT+Cloud、中国制造等形成了新的基础设施，并对整个经济进行重构。我们谈论新基础设施，主要看中它的普遍性、可靠性、安全性和经济性。比如互联网支持的现代物流业、中国智能制造等，这些都属于"新基础设施"范畴。必须强调的是，新基础设施日益成熟绝不是说传统基础设施不再重要。传统基础设施仍有扩大、更新、改造的必要，但新基础设施无疑将在经济发展中扮演越来越重要的角色。

新基础设施时代，对客户端、产品/服务端的"双边重构"，是继平台经济后的下一个重要新机遇。它具备持续联结、垂直整合、大规模协作、数据智能四个特点，并将孕育出一批商业新物种。

具体来说，用户、合作伙伴可以和企业进行7×24小时不间断联结。这意味着企业对需求的响应和挖掘方式会变得大不一样。网络的完备使得从产业到用户端的垂直整合成为可能，大规模协作变得更简单，协作范围不断扩展，这就对企业的管理水平提出更大挑战。数据智能管控则为企业提供了许多管理解决方案。

苹果就是非常典型的"双边重构"型企业。在大规模协作的框架下，苹果和众多开发商展开合作，芯片自己做，生产等业务则外包，这是了不起的模式创新。

我们投资的途虎养车在汽车后服务市场进行了"双边重构"。在产品与服务端，途虎自建包括轮胎、机油等完备的供应链、仓储物流体系等。在客户端，途虎实行7×24（全天候）用户运营，开展便捷透明的线上交易；对加盟企业实施强运营连锁，标准化、精细化管理，数字化赋能等。2022年上半年，虽然受到新冠疫情影响，途虎养车的营收仍然达到54.68亿元，工场店也达到了四千多家，显示出成长的韧性。

瑞幸咖啡设计并实践了具有明显优势的商业模式，在新型饮品和食品服务行业，进行了"双边重构"。顺应中国商业地产的价格特点，采用小门店和自提方式，为客户提供高品质、高性价比、高便利性的咖啡，从而形成优异的价值体系。在产品与服务端，瑞幸咖啡自建咖啡供应链体系，从云南、埃塞俄比亚等不同地区和国家，采购高品质咖啡豆；并自建咖啡豆烘焙基地。在客户端做用户运营，基于智能手机，细化到每一个C端用户。瑞幸咖啡最新的财报显示，2022年第三季度总净收入38.946亿元，同比增长65.7%；营业利润达到5.853亿元（GAAP）。

企业如何提高自身的韧性？总结来说，我们认为，选择有巨大潜力的主题、设计优异的商业模式、充分考虑宏观因素、顺应大趋势等四大维度是创业企业具备韧性，从而能够穿越不确定时代的重要生存特质。

（本文为作者2022年12月在北京大学国家发展研究院第七届国家发展论坛上的演讲）

第七篇章

新改革

如何保持理念的定力

如何挖掘改革的潜力

潜力与定力

快速发展仍是中国未来30年关键中的关键

林毅夫

关于"大变局下的国家发展"这个问题,应该放在我国完成了第一个百年目标,踏上了迈向第二个百年目标新征程,也就是在21世纪中叶把中国建设成富强、民主、文明、和谐、美丽的社会主义现代化强国的大背景中来思考。我认为,所有这些目标能否实现都与我国能不能保持一个较为良好的经济增长速度有很大关系。因此,我的主要观点是,发展是解决中国一切问题的基础和关键。

实现中华民族伟大复兴,是因为中华文明原本就是世界上非常兴盛的一个文明。16世纪之前,中国的发展水平领先于世界其他国家将近一千年,人均GDP高于西方国家,并且人口众多,当之无愧地成为世界上最强大的国家,同时拥有最兴盛的文明。18世纪工业革命以后,西方国家发展加速,但中国还停留在过去的发展方式,人均GDP很快从世界领先跌至西方国家的十分之一甚至更低,沦为落后国家。因此,实现中华民族伟大复兴,人均GDP必须赶上,发展是基础,没有发展,任何目标都难以实现。

林毅夫系第十四届全国政协常委,北京大学国家发展研究院名誉院长,北京大学新结构经济学研究院院长,北京大学南南合作与发展学院名誉院长,世界银行前高级副行长兼首席经济学家。

在中国共产党的领导下，中华人民共和国建立，开启了工业化、现代化的建设，改革开放后取得了人类历史上不曾有过的增长奇迹，目前人均GDP超过1万美元，在2021年全面建成了小康社会，实现了第一个百年目标。但我国与世界上最强大的国家美国相比，按照市场汇率计算，人均GDP只有美国的六分之一左右，按照购买力平价计算，只有它的四分之一左右。要实现中华民族的伟大复兴，我们的人均GDP至少要达到美国的50%。要从四分之一变成二分之一，唯一的办法就是发展速度要比美国快。

我们的人均GDP按照购买力平价计算何时能够达到美国的50%？我做了计算，如果我们的人均GDP增速每年比美国高2.5个百分点，那么到2050年大概就可以达到美国的50%；如果高1.5个百分点，那么要等到2070年；如果只高1个百分点，那么还要等到2090年。因此，要实现第二个百年奋斗目标，就不得不加快发展。

构建新发展格局中有两个内涵：一是以国内大循环为主体，二是国内国际双循环相互促进。新发展格局非常重要，但是如何才能提高国内大循环的主体地位？根本的决定因素有两个，即经济体量的增长和服务业占比的提高。现代制造业的规模经济很大，经济体量越大国内循环比重就会越高；同时，服务业中包含许多不可贸易商品，服务业占比越高也会使得国内循环比重加大。要扩大经济体量与提高服务业占比，就必须要不断提高收入水平。因此，构建新发展格局，关键在于提高收入水平，归根结底是要发展经济。

百年未有之大变局，实际上是由经济格局改变引起的。对此，我在《百年未有之大变局与新结构经济学》一文中已经有过阐述，这里不再重复。

中国快速崛起对谁的影响大？整个20世纪，美国一直是世界第一大国。2000年，美国的GDP总量（按照购买力平价计算）全球占比为21.9%，但2014年被中国反超。经济基础决定世界影响力，随着经济规模扩大，中国的世界影响力也在增强。于是，守成大国与新兴大国之间的矛盾出现了。这个矛盾给世界带来了很多不确定性,这就是"百年未有之大变局"。

什么时候世界格局才能进入一个新的稳定期?我认为,要等到中国人均GDP达到美国的50%左右时。当我国的人均GDP达到美国的50%,我国的发达地区——北京、天津、上海和东部沿海的山东、江苏、浙江、福建、广东五省,人口加起来4亿多一点,人均GDP可以和美国人均GDP相当,人均GDP代表着平均劳动生产率水平、平均产业和技术水平,美国就会失去卡我国脖子的技术优势。同时,中国人口是美国的4倍,经济规模是美国的2倍,美国再不高兴也改变不了这个事实。并且,近期我与斯蒂格利茨教授对话时讲到,贸易是双赢,小经济体的获益会比大经济体大。到那时,美国在和中国贸易时得到的好处要比中国多得多,美国的财富500强的企业要维持住财富500强的地位不能没有中国的市场,美国要就业要增长不能没有中国市场,届时美国对中国的崛起自然也就心悦诚服。

正如前面的计算,如果中国人均GDP增速每年比美国只高1个百分点,按照购买力平价计算,中国人均GDP要达到美国的50%要等70年,世界不稳定的格局就太漫长,所以中国应该发展快一点。

发展快的同时,还要保证高质量发展。高质量发展是按照"创新、协调、绿色、开放、共享"的新发展理念来发展,其中创新是基础,因为只有创新才能提高生产力水平,才有物质基础实现其他4个目标。中国在创新上有很大潜力。目前我国和世界其他发达国家的收入水平、劳动生产率和产业、技术比还有相当大的差距,代表在技术创新和产业升级上还有相当大的"后来者优势"。我国在2019年人均GDP按购买力平价计算达到美国的22.6%,与德国在1946年、日本在1956年、韩国在1985年时和美国的差距处于同一水平,此后16年这三个国家利用后来者优势,保持了年均9.4%、9.6%、9.0%的增长,扣除人口增长,由劳动生产率的提高所带来的年均增长则分别达到8.6%、8.6%和8.1%,即使我国面临人口老龄化问题,人口不增长，在2035年之前单纯依靠劳动生产力水平的提高也具有保持8%的增长潜力。更何况，中国目前和当时的德国、日本、韩国比，还在技术研发周期短、以人力资本投入为主的大数据、人工智能等新经济领域具有换道超车优势。鉴于此，我国未来还有巨大的增长潜力。

综上所述，为了实现中华民族的伟大复兴，为了构建新发展格局，为了让世界从百年未有之大变局进入新的稳定格局，发展尤其是保持一个较快速度的发展是第一要务，要充分利用好中国在本阶段拥有的发展潜力。

当然，中国在未来发展中会面临不少问题，但绝不能因为有问题就放慢速度。从各国历史经验来看，每个国家都有自身的发展问题，发展快的时候有问题，但发展慢的时候问题通常会更多、更难解决，只有发展快的时候才可能创造更多资源、更具信心地解决问题。

发展是中国解决一切问题的基础和关键。实现中华民族的伟大复兴，需要保持比较快速的发展；构建新发展格局，只有发展越快，国内大循环的主体地位才会越强；世界面临百年未有之大变局，有赖于中国进一步的发展，世界才会进入一个新的稳定的格局。

（本文根据作者2021年12月在北京大学国家发展研究院第六届国家发展论坛上的闭幕演讲整理）

金融危机的三种理论及对中国的启示

黄益平

关于金融危机的三种理论

第一类，银行挤兑引发危机。比较有代表性的是Kindleberger 1978年的文章，以及Diamond和Dybvig 1983年提出的DD模型。他们认为负债端出现危机的最根本原因是挤兑，并对为什么会发生挤兑进行了大量研究。挤兑既可能是基本面因素造成的，比如资产负债表出现问题或者经济崩溃；也可能是自我实现的一种心理演习。后续很多研究分析了过去发生的金融危机，尤其是银行危机。基本结论是：如果一国经济基本面出现问题，银行被挤兑的可能性非常大。另外，自我实现的心理预期也发挥了重要作用，因为信息不对称非常容易导致挤兑。如果金融基本面不是非常健康但也不是非常糟糕的时候，就可能存在多重均衡，比如持续稳定或出现挤兑。

第二类，道德风险引发危机。如果道德风险或逆向选择不受控制，就会对银行信贷产生影响，进而带来流动性不足的问题。Joseph Eugene Stiglitz和Stephen L. Weiss在1981年以及Bengt Robert Holmström和Jean Tirole在1997

黄益平系北京大学博雅特聘教授，北京大学国家发展研究院院长，北京大学南南合作与发展学院院长，北京大学数字金融研究中心主任，央行货币政策委员会委员。

年做的相关研究对这方面问题进行了分析。西方还有两位学者在2000年发布的一份研究报告中指出，很多银行危机的信贷资金枯竭并非一开始就发生，而往往经历了"过度借贷—高通胀—泡沫破裂"的过程。因此，归结来看，是信息不对称导致了一系列极端的市场波动。

第三类，货币引发危机。因为货币危机往往和银行危机同时发生。Hyman P. Minsky 1999年的研究指出：新兴市场国家经常出现的情况，是金融自由化导致银行危机，银行危机导致货币危机，货币危机导致更严重的危机，背后的机制就是金融充分开放而资本可以不受限地自由流动。经济形势较好时，信贷扩张会导致资本流入，进而带来货币的高估。货币高估后如果没有一个平稳的调整过程，就很容易产生危机。并且货币危机往往和银行危机相伴而生，很容易引发系统性危机。

国际金融稳定政策和危机应对措施的演变

国际上首次为防范金融危机采取措施的标志性事件，是1913年美联储的建立。1907年华尔街发生了一场比较大的危机。由于信息不对称和自我实现的预期，一家机构出现问题或公众认为它可能存在问题，就很容易传导到其他机构，进而引爆危机。当时JP摩根的创始人提议：由华尔街巨头共同出资阻止危机蔓延，发挥所谓的"最终贷款人"功能。对于资产负债表本身较好、只是现金流暂时出现短缺的机构来说，这种支持非常重要，可以帮其度过困难时期。因为银行本身的资产负债结构，就容易出现天然的期限错配。后来一些国会议员看到了这个做法的价值，于1913年支持成立了美联储。因此美联储的首要任务就是发挥"最终贷款人"功能，在金融系统出现问题时发挥作用。

1929年爆发了全球性的大萧条。大萧条期间货币供应量收缩，加剧了经济衰退。至于背后的发生机制，有人认为是金本位制，有人认为是央行没有采取更积极的措施。弗里德曼则提出：原因在于金融机构都出现了问题。这引起了各国央行的深思，也成为伯南克后来研究的起点。

大萧条结束后，美国首先建立了存款保险制度，重点帮助解决流动性的问题，以避免发生挤兑。在缺乏存款保险的情况下，稍有风吹草动就很容易发生挤兑。但有了存款保险制度，比如美国是10万美元的保障限额、中国是50万元人民币的保障限额，就可以保证大部分人不产生恐慌情绪，也就不会轻易发生挤兑，对于维持金融稳定很有帮助。同时其实施了分业经营的业务模式，防范不同业务特别是商业银行与投资银行之间的风险溢出与放大。

2008年全球金融危机，伯南克作为美联储主席，采取了一系列措施防止系统重要性机构的崩盘。另外，他还把央行"最后贷款人"功能发挥到了极致，对非银行机构在特殊情况下采取相同的措施。一方面，这说明2008年全球危机的影响范围极广，具有系统重要性；另一方面，也表现出央行确实采取了空前的措施。

全球金融危机后，包括国际组织都在帮助进一步改革金融监管制度，重点有以下几方面：一是减缓顺周期机制，这也是从伯南克"金融加速器"中得到的重要启示；二是防止很多系统重要性的问题同时发生，进而引爆系统性危机。这方面后来采取了一系列举措，包括对大而不倒的系统重要性机构采取特殊的监管要求、构建宏观审慎监管框架等。

总结来看，金融危机的形态和方式在不断发生变化，国际上对金融危机的应对措施和政策机制，也在不断调整和演变，并且这一过程还会一直持续下去。

对中国的启示

中国是重要新兴市场国家中少数几个没有发生过系统性金融危机的国家

之一。起码在过去40年，中国没有发生过系统性金融风险。虽然金融风险一直存在，但中国总是能想到办法稳住局面。这主要得益于两个因素：一是持续的高增长，在高速发展中解决问题；二是政府兜底，可以有效避免恐慌。亚洲金融危机期间，几大国有银行都出现了问题，但国内并没有出现挤兑现象，存款人、投资人情绪比较稳定。说明过去这套做法确实发挥了一定作用。但问题在于，这套做法还能否持续？

从负债端看，尽管我国已设立存款保险制度，但政府作为大型国有商业银行的主要股东，仍在承担很多隐性的兜底责任，这对于稳定金融机构非常重要。从资产端看，我国不仅有中央银行的流动性支持，还有很多政策引导。比如新冠疫情期间，银行对中小企业的贷款发放本应更加审慎，但从过去几年的数据来看，中小企业贷款增长势头非常迅猛，其中就有很大的政策引导的成分。从外部风险看，当前我国还有一些资本项目管制以及大量外汇储备，可以充分应对外部金融风险的大规模爆发。

尽管如此，由于这些做法的行政性较强，未来能持续多久并不明确。特别是对于诸如房地产等这类问题，政府也很难进行兜底。尽管当前我国正在努力拯救房地产市场，控制房价不能涨得太高，也不能跌得太狠，但能坚持多久尚未可知。另外，随着我国金融体系越来越复杂，将来是不是一出问题就要兜底，这也是有待讨论的。而且兜底很容易引发道德风险，并会进一步造成经济主体行为的改变，从而可能将风险进一步放大。

在当前情况下，我国的政策应对方向十分清晰，即局部释放风险，让风险适当爆发，避免风险积累后不断放大。风险暴露还可以促进市场机制的逐步完善，避免系统性金融危机的发生。但实践起来难度很大。因为如果局部风险爆发过多，也可能会引发系统性危机，因此监管往往是走着走着又回到老路。

至于什么时候能实现平稳过渡，目前尚不清楚。但监管的整体方向是比较清晰的，就是构建监管、财政、央行协同的国家金融安全网，及时甄别、化解金融风险。其中，央行的功能定位是维持流动性的稳定，维持金融机构的宏观审慎要求，财政需要在出现特殊情况时，做出一些兜底的安排。但目前来看，过去的很多兜底办法很难完全退出，金融监管在很多场合下没有真正起到识别风险的作用，很多措施也没能真正落到实处。从这一角度看，这套金融监管体系的充分建立还需要一个比较漫长的过程。

除了经常走回头路，我国金融监管的另一重要特征，就是经常会推出一些权宜之计。而且见效后还可能会变成长期做法。比如强调"压实地方政府维持金融稳定的责任"。在问题突然爆发时，让地方政府承担一些责任，这无可厚非。但如果将其写入《金融稳定法》，未来执行就会存在很大问题。因为地方政府的监管能力和财政实力有限，让地方政府承担过多责任的后果，就是地方政府开始管一些它不应该管的事情。因为出现问题是地方政府兜底，所以他们会希望把问题扼杀在摇篮里，避免将来出现烂账。这些方面未来还需要统筹安排，既要让地方政府承担责任，也要完善相应的配套机制。

总结来看，第一，现在很多新办法还不成熟，有时可能还是要用老办法。比如完全放开资本项目的时机尚不成熟。因为我国金融体系还无法承受资本的大规模流入流出。因此可以继续实行部分的资本账户管制，避免金融体系大幅震荡。但与此同时，随着我国金融体系日趋复杂，体量越来越大，很多老办法可能无法持续，并很可能引发新问题。第二，《华尔街日报》有文章评论伯南克只是在理论上获奖，因为他研究了一辈子大萧条，也没能阻挡金融危机的发生。但实际上，我们不太可能真正防范或者消灭金融危机。金融危机总会在你最意想不到的时候、以最意想不到的方式发生。因此只能通过过往的经验总结，在危机出现前尽可能地对其加以防范。

更重要的是，我们要想好危机发生时的应对措施，尽量把危机的时间缩短、危害缩小。从这个意义上说，2008年金融危机相比于1929—1933年大萧条的持续时间更短，说明有关部门采取了一些果断的、力度比较大的措施，这有助于减轻危机影响，是十分有价值的。

（本文为作者2022年11月在全球财富管理论坛"金融危机的经验教训与未来应对"专题研讨会上的演讲）

潜在增速与改革状态相依存
我国潜在经济增速逻辑

卢锋

　　分析目前经济形势和展望未来的经济增速，概念上涉及对潜在增速估测，政策应对则包含必要的体制改革创新举措。从我国改革开放几十年实践经验看，不同时期市场化改革的突破性进展，对当时潜在增速趋势水平产生了很大影响。基于这方面经验，需把体制转型特定阶段状态纳入相应时期潜在经济增速的概念定义，从而更好地厘清通过深化改革化解近年经济下行压力的特殊意义。

　　经济学的潜在增速概念，大体是指充分利用技术、劳动力、资本等现有要素条件所能够实现的经济增速，或是在满足充分就业又不引发通货膨胀等宏观可持续条件下可能达到的合意增速。从我国改革开放高增长历史经验看，市场化取向改革获得的突破性进展及其释放的增长推进作用，客观上构成我国潜在增长的关键变量。改革开放时期，多次发生五年规划（计划）和长期规划对潜在增速事前估计与后来实际增速出现很大反差的情况，其重要原因是事先对潜在增速估测无法预知后续改革突破释放增长潜力的影响，即便对已推出的改革举措，也难以准确评估其后续效果。这类再三呈现的经验

卢锋系北京大学国家发展研究院原副院长、经济学教授。

事例显示，改革开放是当代中国经济增长和快速崛起的"关键一招"，有无必要的改革突破举措会导致潜在经济增速出现很大差异，因而需依据中国经济转型时期增长机制特点，建立"改革状态依存的潜在增速"的分析概念和视角。

中国体制转型是包含经济、社会、政治和思想理论的系统改革创新。以思想理论和意识形态而言，改革破冰时期，解放思想和理论创新发挥了关键作用，否则联产承包责任制改革和引进外资特区开放是难以想象的。当时思想理论创新是全方位的，既包括在广泛争论中确立实事求是和思想解放方针路线，党通过重大历史问题决议，为改革开放体制转型提供理论和历史观支持；也包括对外积极主动调整与美国等主要西方发达国家关系，用"和平与发展"取代"战争与革命"，在国际观和时代命题方面支持改革开放。

通过持续改革保证开放型市场经济体制得以建构完备，是转型期中国经济发展内在规律性要求之一。就目前情况而言，在多年重视分配领域改革和流程性监管性改革基础上，针对不利于经济内在活力释放的体制机制因素，谋划实施激励和增长导向的改革突破，是推动经济走出近年来下行压力挥之不去局面的关键条件之一。如能在上述领域取得实质性改革突破，定能对经济运行走出困境产生决定性推动作用，使得本来需力争力保的经济增速被经济内生成长自然超越。中国经济增长特点是"宏调保稳定，改革上台阶"，从近年情况看，关键领域改革如逆水行舟不进则退，借助宏观政策实现稳定增长目标也会面临越来越多的困难。由此可见关键领域改革突破的必要和紧迫。

需要指出，上述讨论并非认为我国经济还能出现两位数长期潜在增速。随着内外经济环境变化特别是发展阶段提升，我国长期潜在增速已进入趋势性回落"换挡期"。一段时期以来经济运行呈现的问题，是中枢经济增速回落偏快，在十余年趋势回落过程中没见一次足够强劲的景气增长阶段，这方面情况难以从发展阶段趋势性变化方面得到充分解释，需要通过包括改革创新突破在内的综合政策调整，加以应对和修复。

下一步，要聚焦激活增长活力的体制创新切入点，结合新时期经济发展具体形势与矛盾，在若干领域深化改革补齐体制创新短板。如进一步落实权利平等、机会平等、规则平等的方针，以更好满足国内外环境发展演变对国内体制创新完善要求，"着力解决市场体系不完善、政府干预过多和监管不到位问题"，在法治化和程序化原则前提下有序推进必要监管，从而更好地协调监管动态完善与发展预期稳定之间的关系等。

总之，从历史经验和现实形势看，目前亟待通过系统性、整体性、协同性改革突破以改进完善社会主义市场经济体制，从而让一切劳动、知识、技术、管理、资本的活力竞相迸发，让一切创造社会财富的源泉充分涌流，让发展成果更多更公平惠及全体人民。

（本文为作者2023年2月发表在《北京日报》的文章）

浮躁时代，我们为何更需要长期主义？

宫玉振

引子：两个故事

我先讲两个故事。第一个是华为关于小灵通与3G的战略选择。

20世纪末，中国电信推出了小灵通，当时的UT斯达康和中兴通讯依靠这项业务取得了高速发展。UT斯达康一年的销售收入曾经达到100亿元，在当时这是足以让所有企业都为之动心的数字。

华为管理层当然也看到了这样的机会，所以很快就提交了开展小灵通业务的计划。但是出乎所有人意料的是，任正非否决了这个计划。

任正非否决小灵通的理由是，小灵通注定是一个过渡的、短暂的技术，而3G才代表未来，华为不能做机会主义者。

在他看来，错过小灵通，华为可能失去的是一大块利润，但这还是可以接受的。如果华为错过了3G，那就将严重影响华为成为一个伟大企业的进程，那才是一个根本性的失策，是绝对不可饶恕的。

因此华为把大部分人力和财力投入在全球范围内还没有商用的3G业务，

宫玉振系北京大学国家发展研究院教授，北京大学国家发展研究院BiMBA商学院副院长兼学术委员会副主任。

8年后的2009年，华为终于获得了第一块3G牌照。

从那以后的故事我们都知道了——华为一飞冲天，把所有竞争者都抛到了身后。正是因为华为当年在3G业务上的豪赌和持续投入，才成就了今天的华为。

至于当时风光一时、占据中国小灵通市场半壁江山的UT斯达康，现在已经很难在主流市场上看到这家企业的身影了。

第二个故事是马云与阿里云。

当年云计算所需的投入非常大，连续几年的时间每年十几亿元，这给阿里造成了巨大的资金压力，而且还看不到希望。当时在阿里负责云计算的王坚，现在是中国工程院院士，当年一度被认为是个骗子。

那几年阿里每年的战略会都要讨论一个问题：要不要取消这个项目、解散这个团队？云计算团队很长时间都是惶恐不安，不知什么时间会被解散。

在最艰难的时候，马云来到了云计算团队，跟他们讲：云计算我们一定要做，而且我要投100亿元。整个团队的士气一下子就上来了，大家知道没事儿了。

2012年，认为云计算前途无望的百度解散了自己的云计算团队，这个团队后来被阿里完整接收。云计算的最终结局，从那一刻基本就已经确定了。

马云讲过一句话：阿里今天做的所有决策，都是为了七八年以后的战略布局。阿里云的最终胜出，靠的就是这种长期主义的战略。

三种类型的胜利

我们都想打胜仗，"打胜仗"在今天已经成为一个热词。但我们究竟应该打什么样的胜仗？我们究竟应该要取得什么样的胜利？

从历史上看，从来没有哪一支土匪或军阀的队伍能够真正成事。当尘埃落定的时候人们就会发现，最后胜出的一定是有着清晰的长期理念的那支力量。

这是历史告诉我们的一个基本道理：坚持长期主义才能赢得长久的胜利。

坚持长期主义为什么非常难？

既然长期主义这么重要、这么好，那么问题来了：为什么长期主义者少之又少？为什么我们今天在这里还要谈长期主义？很简单：坚持长期主义非常难。

回顾任正非关于小灵通的决策，今天我们会赞叹任正非的高瞻远瞩、雄才大略，做出了正确的选择。可是有谁知道任正非当时承受了多大的压力？

任正非放弃了小灵通，但是小灵通业务在2000年到2003年实现了持续的发展。UT斯达康因此从一个名不见经传的小企业变成了一家明星企业，中兴也在小灵通市场里赚得盆满钵满，而且他们利用销售小灵通取得的高额利润不断挤压华为的市场。2003年中兴的销售额一度达到了华为的80%。

华为是中国通信设备制造商的老大，但在那段时期内几乎没有什么收获。华为失去了瓜分小灵通市场的时机，更雪上加霜的是，3G牌照迟迟不发放，因此华为在3G领域的巨大投入长期得不到任何回报。

2002年，华为首次尝到了巨额亏损的苦头。那时候很多人对华为失去了信心，认为任正非犯了一个致命且愚蠢的错误，不少人离开华为，选择了在当时看来更好的公司。

任正非后来讲："我当年精神抑郁，就是为了一个小灵通，为了一个TD，我痛苦了8到10年。我不让做，会不会使公司就走向错误，崩溃了？做了，是否会损失我争夺战略高地的资源？"

我们今天复盘一下任正非当时的处境：眼前的利益唾手可得，当前的压力实实在在，但是未来的收益却并不确定。如果你是任正非，你会怎么办？

焦虑、抑郁、彷徨，中途反悔甚至放弃。这就是长期主义者常常必须面对的现实。

20世纪60年代有一个著名的"斯坦福棉花糖实验"。美国斯坦福大学心理学教授沃尔特·米歇尔选了十几名幼儿园的孩子，让他们坐在房间里的椅子上，要求坐满15分钟。面前的桌子上，放的是孩子们最爱吃的棉花糖。

实验的规则是，如果你马上吃掉糖，就不能获得奖励；如果你能等15分钟以后再吃，就会额外得到一块糖作为奖励；不愿意等的孩子可以按桌子上的铃。

实验开始以后，研究人员发现一少部分孩子不假思索立即抓起眼前的糖吃掉了；有些孩子30秒以后陆续开始按铃；最后，只有30%左右的孩子等到15分钟期满才吃糖。

研究人员对参加实验的孩子进行跟踪，发现那些愿意等待的孩子在后来的人生中取得了更大的成功，包括职业的成功；那些不擅长等待的孩子，成年以后体重更容易超标，成就相对较低，而且不少人染上了毒品。

这个实验提出了"延迟满足"的概念。能够做到延迟满足的人总是会取得更大的成就。

字节跳动创始人张一鸣最喜欢讲的一个词就是"延迟满足"。张一鸣的成功也告诉我们延迟满足确实很重要。问题是，道理我们都懂，但是为什么能够真正做到"长远思考""延迟满足"的企业和个人少之又少？为什么长期主义特别难？

这是今天神经科学、心理学、行为经济学等学科都在关注的一个重要研究话题，即"跨期选择（intertemporal choice）理论"，其关注在大而迟（Larger-Later，LL）的收益与小而早（Smaller-Sooner，SS）的收益之间，人们的选择倾向。

所有这方面的研究都得出了同样的结论：相对于未来的收益，人们通常会对当下可以获得的收益赋予更大的权重。直白地说，就是人们更看重眼前马上能够得到的收益。

原因很简单，人类是从动物进化而来的。在进化的过程中，人类虽然发展出了对未来进行计划和规划的能力，但是在跨期选择时，我们同其他动物一样，依然偏好于即刻的奖赏。

一些研究者还探讨了跨期选择的神经机制。2004年，《科学》（Science）杂志发表了一篇著名的报告，第一次从神经机制上证明人的大脑有 β、δ 两种不同的评估机制。

β 机制集中于早期进化的中脑边缘多巴胺系统，主要负责加工当前选项，也就是当前马上要做出的决策、当前的诱惑、当前的利益等；δ 系统是相对较晚进化成的额–顶系统，主要负责加工延迟选项，也就是延迟满足的决策。

前者是生存的本能，后者是进化的需要。两个系统的相对激活水平，决定了被试者的选择。选择过程中，如果我们的 β 系统被激活，我们就会选择当前的收益；如果 δ 系统被激活，选择的就是延迟满足。

与此相关的，还有一个跨期选择的认知机制理论，即热/冷系统理论。这一理论认为，人脑认知机制中存在热、冷两个系统。热系统与个体的冲动行为有关，它是情绪驱动的，表现为简单的条件反射，因而反应速度较快，是较早成熟的一套系统；冷系统则与个体的自我控制有关，它是认知驱动的，比较审慎，因此会比较慢，是较晚成熟的一套系统。

热/冷系统的交互作用决定了个体在延迟满足中的表现。热系统起主导作用时，个体倾向于选择小而早的收益；冷系统起主导作用时，个体倾向于选择大而迟的收益。

在此基础上，学者们还提出了人类跨期选择的多重自我理论（Multiple-Selves Theory）："目光短浅（myopic）的自我"与"目光长远（farsighted）

的自我"，"计划者（planner）"和"实施者（doer）"，"老练（sophisticated）的自我"与"幼稚（naive）的自我"，等等。

理论是枯燥的，我在这里不想过多介绍理论本身。我们感兴趣的是，这些研究结果告诉管理者什么道理？

我们每个人都是一体两面的，我们身上都有短期主义的影子。更看重眼前的收益是人性的体现，况且未来有很大的不确定性。

对于普通人来说，面临的当前压力或眼前诱惑越大，人的短视的一面就越相对容易被激活，人就越容易表现出短期主义的倾向。

即使是长期主义者也会有短期行为的冲动，也会中途动摇，每个人都会有内心深处的天人交战。

这就是为什么任正非在已经选择了3G这条长期主义赛道后，仍然会为了放弃小灵通而感到抑郁和压力。我相信李彦宏也是长期主义者，百度也是有长远追求的企业，但是为什么会中途一度放弃云计算？也是同样的道理。

这就是长期主义很难坚持的基本背景。

短期主义会带来长远的伤害

长期主义很难，但我们为什么还需要选择长期主义？很简单，因为短期主义会给我们带来长远的伤害。

今天我们谈的话题主要是管理，我们看看短期主义对管理者、对组织至少会造成哪些方面的伤害。

短期主义给管理带来的第一个危害在领导力层面。短期主义的领导者个人必然表现出缺乏远见、自私自利的特征。缺乏远见的人注定成不了事，而自私自利的人注定没有人追随。

人都有私心，但是领导者必须让更多的人为己所用，甚至还要用比自己更强的人，这样才能成就大事业。因此，领导者必须走出小我，才能成就大我。自私自利的结果一定是众叛亲离。

第二个危害在决策层面。孔子在两千五百年前就用两句话很好地揭示了短期主义的危害——"见小利，则大事不成""人无远虑，必有近忧"。

决策就像下棋一样，有些人可以看到三步、五步之后，甚至更为长远，有些人走一步看一步，只顾眼前。

棋力到了一定程度之后，为什么有些人就是没法成为一流的高手？就是因为大局观薄弱，因而特别容易陷入眼前和局部的争夺，却无法掌控整个的棋盘。你可以也会取得局部的胜利，但是你并不知道如何利用这些胜利。

什么叫人无远虑，必有近忧？没有长远的眼光，人就很容易在复杂的环境中迷失方向，陷入各种纠结之中，陷入各种患得患失之中，企业也是如此。赢了眼前，但输掉了长远；赢了局部，但输掉了全局。

过于看重眼前的业绩，就会忽略其他更重要的东西，反而会给企业带来更多更大的问题，伤害企业的长远发展。

第三个危害在组织层面。习惯了赚快钱的组织，就再也打不了硬仗。一哄而上，结果一定是一哄而散。

对组织而言最忌讳的就是胜则一日千里，负则一败涂地。历史上这样的组织非常多。黄巢、李自成、张献忠这样的农民起义军为什么最终成不了事？他们的共同特点就是攻城拔寨，招兵买马，走州过府，随掠而食，哪里粮多就去哪，吃完了再换个地方。这些人忽略了一个根本，就是组织能力本身的建设，他们从来没有稳固的根基。这就是所谓的"流寇主义"。

流寇主义在商业世界的表现就是赚快钱，比如那些买买买，但是没有自己核心竞争力的企业；那些今天这个有机会就做这个，明天那个有机会就做那个，却没有核心优势的企业。

历史上，流寇取得的所有胜利都是无根的胜利，注定都只是历史的匆匆过客，永远是草莽英雄，成不了大事。

就根本而言，短期行为表面看来是理性的选择，但从长远来看，其实恰恰是非理性的，因为这种短期行为是以明天为代价换取眼前的利益。

从进化的历史可以清楚看到：短期行为只是基于生存的本能，长期主义才是真正成熟的标志。不管对个人还是对组织而言都是如此。

我们不能仅仅生活在本能之中不可自拔，而是要对未来进行思考和规划，这是人类区别于动物最重要的品质。

是否具备这种未来的取向，以及未来取向的高低，其实也是优秀的人和平庸的人、优秀的组织和平庸的组织之间的区别。我们每个人都有局限和弱点，只有承认局限才能超越局限，只有直面弱点才能跳出短期主义的陷阱。

长期主义的价值

短期与长期的选择，其实是一个资源分配的过程。短期行为是将资源投到当前，被动应对环境的变动；而长期主义是将资源投到未来，主动塑造自己的命运。

个人和组织的资源永远是有限的，你的资源分配到什么地方，你就会收获什么样的结果。只有长期主义才能让你跳出一时一地，发展出自己独特的能力和优势，才能从更长的维度把握好自己和组织的方向与命运。

我们究竟为什么需要长期主义？可以从以下几个角度来分析。

第一，从目标感来讲，如果一个人只知投机，那么他即使精于算计、苦心经营，也无法走得长远。投机者的路会越走越窄，处境越来越差。更主要的，是失去了拥有更好的未来的可能。而长期主义可以为我们的人生提供明确的方向和持续的动力。方向感和动力是人生成功和组织成功所需的非常关键的两个条件。

第二，从认知上来讲，短期主义是以浮躁应对浮躁，以短视应对短期；而长期主义赋予我们全新的认知框架，让我们从更长的时间维度，看清哪些是一时的喧嚣、泡沫、杂音，哪些才是真正的大势，从而可以在浮躁多变的时代保持内心的从容、宁静与定力。

《大学》里有一句话，"知止而后有定，定而后能静，静而后能安，安而后能虑，虑而后能得"。其实就是从认知到最终结果的全过程。知道未来方向要什么，才能有定力，心定之后，才会静，心不妄动才能从容安详，才能展开深层的思考，才会找出解决问题的最佳方法，得到最好的结果。

中国人讲"势利"，"利"和"势"是分不开的，有势就有利，有大势才能有大利。所以不要先求利，而要先取势。如果只盯着眼前的小利，那得到的最多也只是小利；只有取得大势，才会获得大利。

《孙子兵法》讲过，真正的高手是"求之于势，不责于人"，也就是在借势、造势方面下功夫，而不是苛求自己的团队成员或下属。企业管理也是这样，遇到问题时如果没有长远的思考，不能跳出来看问题，就只会在具体的人、具体的事上去争对错。长期主义者会从"势"的角度考虑问题，从根本上解决问题。

这是两种完全不同的认知模式。长期主义才会让你做出基于长期的选择，这是认知的价值。

第三，从行动上来讲，长期主义可以赋予我们眼前的行动以深远的意义，让我们的努力有了一致性和连续性。

长期主义并不排斥短期行为，不排斥眼前的选择。前面讲过下棋，棋当然要一步一步地下。但下一步棋如果没有长远的考虑，这个棋子就是个废子，只有用清晰的战略将棋子联系起来，每个棋子的战略价值和意义才会真正体现出来。

对未来进行长远思考和规划，使我们更多地考虑到当前行为会对未来产生的影响，从而把长期目标渗透到眼前的决策中，用长期主义来过滤我们的短期行为。

这样的好处是让我们懂得每一步在做什么，懂得每一个具体目标的实现会如何促成总体、长远目标的达成。这样我们在梳理、筛选眼前的行动时，就不会受短期诱惑的影响，不会掉入短期主义的陷阱，做到有所为，有所不为，防止短期行为伤害长远的发展。

这样一来，我们就可以把战术性的机会发展成为战略性的胜利，把眼前的机会发展成为长远的胜利。

第四，从竞争的角度来讲，长期主义是跳出内卷式竞争的最好选择。

并不是所有人或组织都会选择长期主义，这就是为什么最后胜出的一定是长期主义者。

亚马逊的前CEO贝佐斯讲过：做一件事把眼光放到未来三年，和你同台竞技的人就很多；但能放到未来七年，和你同台竞争的人就很少了，因为很少有公司愿意做那么长远的打算。

贝佐斯曾问过巴菲特："你的投资理念非常简单，为什么大家不会复制你的做法呢？"巴菲特说："因为没有人愿意慢慢地变富。"

长期主义其实是违背人类基于生存的本能的，长期主义并不是所有人都能够做到，也不是所有人会选择的。但是我们知道，少数人走的路才是最好的路。在长期主义的道路上，你不会遇到多少竞争者。所以长期主义才是跳出眼前内卷式竞争的最好选择。

如何成为长期主义者？

首先，长期主义是一种觉醒。

想做到长期主义，我们首先必须认识到，我们自身或者我们的组织都有两套系统在起作用，我们身上都有短期主义的一面。

这是我们首先必须认知和承认的现实。因此我们要随时警惕短期主义的冲动，要有意识地选择并不断强化自己的长期主义特质。

长期主义是需要激活，也是可以激活的；是需要强化，也是可以强化的。长期主义是一种价值观，也可以变成一种习惯性的思维与行为模式。

换言之，人和组织都是可塑的，短期主义是像地心引力一样的存在，我们要做的，就是始终用长期主义来校正我们的行为，保证我们不会偏离长期主义的主线。古人说"吾日三省吾身"，如果你没有认识到两套系统的存在，你就很容易滑向短期主义而不自觉。

其次，长期主义是一种信念。

长期主义是关于未来的选择，而未来是不确定的，还并不是现实。所以，一旦失去对未来的信念，人们就会放弃长期主义，追求短期利益。

我和胡大源教授在北大国发院有一门课，带着学生去实地体验"四渡赤水"，告诉大家在不确定的环境中究竟该怎么做决策、带团队。"四渡赤水"是长征中的一部分，长征很伟大，但是参加长征的每个人都走到了最后吗？不会的。

有人会离队，有人会叛变，有人会投降，甚至有些早期很有名的人消失了。这些离开的人有一个共同特点——信念出现了动摇。

悲观主义者更容易选择眼前，乐观主义者更容易相信未来。

人只有对未来有信心，才会放下眼前较小的回报，去追求长远的较大的回报。人关于未来的信念越强烈，做选择时我们就会越倾向于长期主义，就越能忍受寂寞和痛苦。有些人甚至把这种坚持视作一个愉悦的过程，当成一个自我突破和自我实现的过程，从中获得巨大成就感。

作为长期主义者，你必须相信你的信念，你才能实实在在地看见你的未来，未来才会变成真正的现实。长期主义是个人和组织具有持久性和持续发展可能性的唯一支撑点。

具体而言，在我看来我们需要有以下六点"相信"。

第一，相信长期的力量。要相信你的长期理性。在大和小之间，要选大不选小；在长和短之间，要选长不选短。长期理性可以让你从更大的框架、更高的视角、更长的时限来思考你遇到的问题，这样你就会做出最理性的选择。

不要因为短期的理性反而导致了长期的非理性，要相信你的长期理性一定是对的。克制与耐心是人类理性最高贵的品质。相信长期的力量，你就可以具备这样的品质。

第二，相信信念的力量。我们前面提到的跨期选择研究发现，积极的希望情绪可以提高个体在跨期选择中的自我控制能力。越积极，越相信，选择过程中的自控性就越强。

所谓信念，就是相信正面的理念一定能够实现。强烈的信念是人和组织最主要的力量来源。无论是战争的历史，还是今天企业的创业，一个弱小的组织最终取得胜利，核心原因之一就是从一开始就具有强烈的信念，并且相信自己的信念。

"相信信念"这个层面中非常关键的一点，是一定要形成团队的氛围，因为组织内部成员的观点和行为可以相互影响，信念可以相互激励。

一个特别有意思的现象是，长期主义的领导会吸引长期主义的追随者，短期主义的领导必然会吸引那些只追求短期利益的下属或者团队成员。从这个角度来讲，其实信念、信任、信心、信仰可以良性地互相促进。

团队内部的相互信任会使得成员都更倾向于相信这个团队的整体信念，一群人在一起相互吸引，相互激发，释放出无穷的潜力，最后把信念变成现实。这就是信念的力量。

曾鸣教授讲过一句话我非常认可：组织的愿景是用来相信的，不是用来挑战的。如果成员怀疑和质疑组织的愿景，事情就根本做不成，必须相信它，它才会变成现实。

第三，相信共生的力量。不管在任何领域里，竞争和敌对意识都会影响你的战略和思考。如果你陷入跟对手较劲的死结中不可自拔，那么即使你赢了，也是残局。

如果从现在看未来，那么你的眼光一定会局限于资源的争夺，你的眼中全是对手；但是如果从未来看现在，从长期主义的角度回头看现在，你关注的就是如何创造出未来的大局，甚至眼前的竞争者都可以被纳入你共创未来的大局中。

所以，不要只盯着一时的胜负得失，而要着眼于不断演化的大局。相信共生的力量，你才能超越一时一地的得失。

第四，相信基本面的力量。基本面就是管理中的基本优势，包括人才、文化、战略、组织、领导力、执行。无论是在军事方面还是在商业化的今天，我们常常发现自己处于浮躁的环境中，人和组织很容易迷失自己。最终是管理中最基本、最简单、最普通、最质朴的常识性要素，以及它们之间的动态匹配程度，决定了你和组织到底能走多远。有了扎实的组织才能更好地打仗，才会取得更大的、持续性的胜利。

我们经常会把眼前的短期业绩跟组织的长远投入对立起来，看重眼前的业绩往往就忽略了组织长远的发展。但是，真正的好组织、真正的长期主义，就是通过组织能力的构建、基本面的夯实来给自己创造取得更好业绩的机会。更长远来讲，夯实你和组织的基本面，才能夯实组织的根基，才可以在动荡的环境中经历大风大浪而岿然屹立。

第五，相信专注的力量。我们要在一个清晰的方向持续不断地投入和累积。长期的价值创造一定是一个持续的过程。只要你的大方向没有错，只要你愿意在这个大方向上持续不断地投入，最终你大赢的可能性反而比你四处出击要高出很多。

第六，相信向善的力量。今天的行业和市场一直在不断变化，但是我们看到，人类向善利他的大方向从来没有变过。从进化的角度讲，这是人类生存和发展的需要。因为只有有利于社会整体利益的行为，才会得到社会长期的奖励。只有形成合作、利他、向善意识的社会，才能在进化的竞争中生存和发展。

几乎所有世界性的宗教和世界性的思想体系都是教人向善的。其实企业也是如此，企业的终极意义就是创造社会价值，推动人类进步，只有这样的企业才能赢得社会的认同和尊重，才能与社会形成良性互动和正向循环。

企业当然要追求利润，但是缺乏道德感的企业无法走得长远。长期的成功一定是价值观的成功，伟大的企业一定是向善的企业。这是让自己和组织变得强大的一种精神内核，能够历经任何挫折，实现长期生存和不断发展的根本原则。这就是平庸和卓越的最大区别。

那些为社会创造长远价值的企业，社会最终一定会给它长远的奖励。

最后，长期主义是一场修炼。

认识到长期主义很容易，做到非常难。我们必须认知到这个现实，因为人性是有弱点的，我们永远要面对大脑中两套系统的纠结。

知易行难。在长期与短期之间、在全局与局部之间、在追求使命与追逐眼前利益之间，当这些纠结出现的关键时刻，你究竟如何抉择，最能暴露你深层次的追求究竟是什么，也最能决定你和组织的最终命运。

在坚持长期主义的过程中，你会动摇，会怀疑，也会犹豫，但这反而恰恰是你和你的组织成长、成熟的过程。

结束语

如何成为长期主义者？很简单，做难而正确的事情。管理就是要做难而正确的事情，人生也是要做难而正确的事情。

回到我们的主题：浮躁的时代，我们为什么需要长期主义？因为这是唯一难而正确的事情。

我非常喜欢下面这段话："真正的光明绝不是没有黑暗的时间，只是永不被黑暗所掩蔽罢了。真正的英雄绝不是永没有卑下的情操，只是永不被卑下的情操所屈服罢了。"

套用这段话我想说：真正的长期主义者绝不是永无短期选择的冲动，只是永不被短期的冲动所动摇罢了。

最后我想用一段歌词来结束我的分享："是否找个理由，随波逐流；或是勇敢前行，挣脱牢笼；我该如何存在？"

这是我们每个人都值得追问的问题。路就在脚下，人是可以选择的，选择什么样的道路，你就会有什么样的人生。

（本文为作者2022年2月在北京大学国家发展研究院MBA讲坛第42讲暨北京大学国家发展研究院MBA项目宣讲会的演讲）